*Über dieses Buch* Carlos Castaneda, Autor vielgelesener Bücher über andere Wirklichkeiten, gilt als ein publikumsscheuer Mann, der sich nicht sprechen, fotografieren und interviewen läßt. Er soll in Mexiko leben, unerkannt, unter Pseudonym, inmitten einer Gruppe von armen, vagabundierenden Menschen, die sich der alten Indianer-Kultur der Tolteken zugehörig fühlen. Der Autorin dieses Buches, der in Amerika lebenden Schriftstellerin und Wissenschaftlerin Graciela Corvalán, ist es gelungen – und sie weiß selbst nicht, wie und warum –, den geheimnisumwitterten Castaneda auf einem Parkplatz der Universität von Los Angeles zu sprechen. Natürlich ging es in diesem Gespräch um die Themen, die Castaneda in seinen Büchern behandelt, aber auch um die Person des Autors, über seine Herkunft, sein gegenwärtiges Leben, seine Vorlieben, ja selbst um seine Lektüre (Husserl, Wittgenstein, Yoga-Texte), und all dies nicht in der üblichen Frage-Antwort-Form, sondern in einer Art Erzählung, die mit Zitaten Castanedas durchsetzt ist. Das Buch ist nicht nur spannend zu lesen, sondern läßt den Autor der Lehren des Don Juan viel lebendiger erscheinen als in seinen Büchern, in denen er als Ich-Erzähler hinter den faszinierenden Begebenheiten zurücktritt.

*Die Autorin* Graciela N. V. Corvalán, Ph. D., aus Argentinien gebürtig, lebt in den Vereinigten Staaten. Sie ist als Direktorin des »International Student Center« an der Webster University in St. Louis tätig. Das hier vollständig abgedruckte Interview ist bisher nur in Ausschnitten in Zeitschriften erschienen.

Graciela Corvalán
Der Weg der Tolteken

Ein Gespräch
mit Carlos Castaneda

Aus dem Spanischen von
Joachim A. Frank

Fischer
Taschenbuch
Verlag

14.–15. Tausend: Juli 1991

Deutsche Erstausgabe
Veröffentlicht im Fischer Taschenbuch Verlag GmbH,
Frankfurt am Main, Juli 1987

Copyright der deutschen Ausgabe
© 1987 Fischer Taschenbuch Verlag GmbH, Frankfurt am Main
Umschlaggestaltung: Hannes Jähn
Gesamtherstellung: Clausen & Bosse, Leck
Printed in Germany
ISBN 3-596-23864-1

# Inhalt

Vorwort
  Castaneda und die moderne Wirklichkeit    7
  Altes und neues Denken . . . . . . . .    10
  Der Castaneda-Boom . . . . . . . . .    14
  Eine Trouvaille . . . . . . . . . . . . .    18

Der Weg der Tolteken
  Die Begegnung . . . . . . . . . . . .    21
  Don Juan stirbt nicht . . . . . . . . . .    41
  Die linke Seite des Adlers . . . . . . .    59
  Die Freiheit, makellos zu sein . . . . .    62
  Der Weg der Eigenliebe . . . . . . . .    66
  Die Traum-Übung . . . . . . . . . . .    76
  Der Abschied . . . . . . . . . . . . .    101

# Vorwort

Castaneda und die moderne Wirklichkeit

Was haben die Bücher von Carlos Castaneda mit dem modernen Hochleistungssport zu tun? Nicht wenig, jedenfalls nach Meinung der alpinen Ski-Rennläuferin Irene Epple. Die zum illustren Kreis der weltbesten Ski-Königinnen zählende Sportlerin erholte sich von mörderischen Trainingsstrapazen bei Castaneda-Lektüre und schöpfte innere Ruhe und Kraft aus einer »anderen Wirklichkeit«. Don Juans Ermahnung in den »Neuen Gesprächen«: »Nur du bringst es fertig zu glauben, du könntest ein Zauberer werden...« – diese Worte scheinen wie zugeschnitten auf Irene Epple: Auch sie wollte, eine Zauberin, in ihrer Sportdisziplin an die Grenzen des Möglichen gehen und sie, in einem Augenblick höchster seelischer und körperlicher Anspannung, überschreiten.
So ungewöhnlich die Verbindung zwischen Carlos Castaneda und Irene Epple auf den ersten Blick erscheinen mag, den Castaneda-Kenner wird sie nicht in Erstaunen versetzen. Die Leserschaft des Bestseller-Autors – allein in Deutschland über eine halbe Million verkaufte Exemplare – setzt sich keineswegs aus weltfremden, spinnerten Aussteigern zusammen, wie es manche »Aufklärer« glauben machen möchten. Kurios, übrigens, oder auch

nicht, daß viele Leute über Castaneda urteilen, ohne je eine Zeile von ihm gelesen zu haben. Castanedas Welt scheint bereits Allgemeingut zu sein, Bestandteil des globalen menschlichen Gesprächs; da braucht man nicht mehr an die Quellen zu gehen. Der »idealtypische« Castaneda-Leser ist jung, zwischen 20 und 30 Jahre alt, studiert oder hat studiert, ist philosophisch und literarisch gebildet, ist selbst- und gesellschaftskritisch, ist politisch interessiert und engagiert, ist nicht selten auf dem Gebiet der neuen Technologien tätig und im marktwirtschaftlichen Sinne leistungsorientiert, kurzum: Er gehört zur meinungsbildenden, weltoffenen, zukunftsorientierten Gesellschaftsschicht – auch wenn die Bücher Castanedas, wiederum auf den ersten Blick, einen ganz anderen Leser anzusprechen scheinen. Für die Angehörigen der Castaneda-»Schicht« scheint der Autor sozusagen in der Luft zu liegen; sie sind von seinen Reisen in die unerforschten Gebiete menschlichen Bewußtseins und von seinen Expeditionen in die magischen, prärationalen Denkbezirke betroffen und getroffen. Und darin lassen sie sich auch von selbsternannten Repräsentanten rationalen, logischen, vernünftigen Denkens nicht irremachen, sie haben erkannt, wohin abendländische Ratio und Vernunft führen können.
Allerdings muß man unter den Castaneda-Lesern und -konsumenten mindestens drei Gruppen unterscheiden: solche, die seine Bücher als Märchen oder eskapistische Phantasy lesen, solche, die seine

»andere Wirklichkeit« für bare Münze nehmen, und solche, die seine Geschichten und die in Form platonischer Dialoge aufgezogenen Gespräche als bewußtseinserweiternde Denkspiele und als Fischzüge im uralten Meer menschlicher Denkmöglichkeiten ansehen. Es spricht für die Formen- und Gedankenfülle der Bücher Castanedas, daß sie allen drei Lesergruppen etwas zu bieten haben, doch sicherlich hat die zuletzt genannte Gruppe den meisten Gewinn, denn sie erlebt sozusagen die volle Brisanz dieser zwischen Literatur und »Sach«-Buch schillernden Texte.

»Längst glaubt niemand mehr an das, was er sieht. Vielmehr ist das, was wirklich ist, verborgen in einer anderen Wirklichkeit.« Zu dieser Erkenntnis kommt Franz Lindner, Hauptperson in Gerhard Roths Roman »Landläufiger Tod« (S. Fischer, Frankfurt am Main 1984). Der Satz könnte als Motto über allen Büchern Castanedas stehen. Während Roth die für Wissenschaft und Philosophie unzugänglichen Leerstellen der Wirklichkeit mit Poesie ausfüllt, bedient sich Castaneda dazu seiner phantastischen Denkspiele und vorrationaler, magischer, schamanischer Vorstellungen. Wenn Roth in einer früheren Schrift (»Selbstgespräch«) meint, wir hielten uns trotz aller Rückschläge für die höchstentwickelten Wesen, er halte hingegen die Tiere für überlegener, und wenn er hinzufügt, er habe nichts dagegen, zu Luft zu werden oder in eine Pflanze oder ein Tier verwandelt zu werden – dann sind das Anschauungen, die, mit anderen Worten, genausogut Castaneda sagen könnte. Wobei es völlig gleichgültig ist, ob Roth Castaneda gelesen hat oder gar zur Castaneda-Gemeinde gehört.

Castanedas Bücher sind auch für viele jüngere Autoren – und natürlich deren Leser – fast so etwas wie eine Verkörperung all dessen, was sie unter neuem Denken, Selbstsuche, Sinngebung, Hinwendung zu einem neuen Humanismus und damit in Zusammenhang stehenden Fragen verstehen. Für viele Castaneda-Leser haben das alte Denken und die traditionelle Schulwissenschaft abgewirtschaftet, und sie verweisen auf die rapide fortschreitende Umweltzerstörung, die wahnsinnige Hochrüstung und das unerträgliche Sozialgefälle in der Welt.

Altes und neues Denken

Was ist nun dieses andere, alternative Denken, was die neue Wissenschaft, von der im Zusammenhang mit Castaneda immer wieder die Rede ist? Der englische Naturphilosoph Alfred North Whitehead (gestorben 1947) charakterisiert die traditionelle wissenschaftliche Methode mit folgender knapper Formel: Sie sei »Suche in den Phänomenen nach meßbaren Elementen, und dann Suche nach Zusammenhängen zwischen diesen Messungen physischer Quantitäten«. Den Unterschied zwischen der neueren Auffassung von wissenschaftlicher Methode und der traditionellen Wissenschaftsvorstellung bezeichnet Fritjof Capra, einer der Vordenker der »alternativen Wissenschaft«, mit folgenden Gegensatzpaaren: komplex statt linear, in Netzen und Bögen statt in Zielgeraden und in den Kurven der Statistik, qualitatives Werten an Stelle von quantitativem Messen.

Capra erwähnt in seinem Buch »Wendezeit«, das den Unterschied zwischen alter und neuer Wissenschaft im einzelnen beschreibt, an mehreren Stellen auch Castaneda als eine Art Exponenten alternativen Denkens. Die amerikanische Wissenschaftsautorin Marily Ferguson, die von einer globalen »sanften Verschwörung« – so der Titel eines ihrer Bücher – unter Vertretern der verschiedensten Wissensdisziplinen spricht, einer »Verschwörung« mit dem Ziel einer gründlichen Revision wissenschaftlicher Methodik, nennt Carlos Castaneda in einem Atemzug mit anderen Protagonisten einer neuen Lebens- und Wissensanschauung wie Abraham Maslow, C. G. Jung, Aldous Huxley, Hermann Hesse, Carl Rogers, Krishnamurti und Theodore Roszak.

Der Mensch vollzog die Naturbeherrschung und Weltaneignung sozusagen mit zwei Kraftakten: erstens mit der Sprache und ihrem Begriffsinstrumentarium, das aus der ganzen komplexen Wirklichkeit wie mit einem Seziermesser einzelne Phänomene herausschält und in Form von meßbaren,

vergleichbaren Elementen verfügbar macht; und zweitens mit dem kausal-linearen Zweckmäßigkeits- und Nützlichkeitsdenken, das sich über Jahrhunderte hin, seit dem frühen Mittelalter bis ins zwanzigste Jahrhundert, als abendländisches, aufklärerisches, rationales Denken entfaltete und das in den alle wirtschaftlichen und gesellschaftlichen Verhältnisse beherrschenden neuen Technologien einen, wenn nicht den, Höhepunkt erreicht hat. Dieses Denken ist weitgehend von Ausschaltung der Gefühle und Wertungen geprägt. So konnte der Erfinder der Wasserstoffbombe, der amerikanische Physiker Edward Teller, die Frage, ob die potentielle Vernichtungskraft der von ihm entwikkelten Waffe ihm nicht moralische Skrupel und schlaflose Nächte bereite, »ruhigen Gewissens« verneinen und ins Reich rational unzulässiger Gefühlsduselei verweisen, genauso wie der Erfinder der Napalmbombe die Frage, ob er die Waffe auch dann entwickelt hätte, wenn ihm vorher bekannt gewesen wäre, welches Leid sie über die Menschheit bringen würde, mit einem »klaren Ja« beantwortete und hinzufügte, er sei schließlich Wissenschaftler, der vor der Aufgabe gestanden habe, die Lösung eines wissenschaftlichen Problems zu finden.
Das rationale Denken, in der »Aufklärung« zur vollen Entfaltung gekommen, steht in dem dialektischen Spannungsfeld zwischen Befreiung von Aberglaube, der sich daraus ergebenden Naturbeherrschung im Dienste menschlichen Fortschritts

und der Gefahr ungehemmten technischen und militärischen Fortschritts unter Vernachlässigung aller Werthaltungen und Vorstellungen über ein humanes Leben im Rahmen der naturgegebenen Verhältnisse. Die von der »instrumentellen Vernunft« drohenden Gefahren und Verdüsterungen der Aufklärung in moderner Technologie und Naturwissenschaft haben einen weltweiten Prozeß des Umdenkens, zumindest an der »Basis«, in Gang gesetzt, einen Prozeß, der seinen Niederschlag auch in literarischen Produktionen findet.
Castanedas Gestalten und Handlungsbögen, seine Gespräche und theoretischen Abhandlungen, sie sind literarisch überhöhte Konfigurationen des skizzierten Umdenkungsprozesses. Sie sollen Zugang zu einer Wirklichkeit jenseits traditioneller Sprachlogik und rationaler Vernunft verschaffen. Ähnlich wie die mittelalterlichen Mystiker und die großen »Irrationalen« in allen Kulturen glaubt Castaneda durch Umstellung und Umwertung des Denkens und der rational flachen Welterklärungen an Punkte oder Grenzen zu kommen, wo andere Wirklichkeiten beginnen, früher bekannte, inzwischen vergessene oder auch gänzlich neue Wirklichkeiten. Castaneda versucht gleichsam durch die Leerstellen unserer heutigen Wirklichkeitswahrnehmung in einen Raum jenseits unserer begrifflich bestimmten Realität einzutauchen und dort Erkenntnisse und Einsichten vieler anderer Realitäten einzusammeln. Insofern gleicht Castaneda den Schamanen vieler Kulturen, die als Todesfor-

scher Bereiche jenseits unserer sprachlich faßbaren Lebenswirklichkeit zu erkunden suchen und sich dazu der verschiedensten bewußtseinserweiternden Praktiken bedienen wie Askese, Drogen, bewußt zugefügte Leiden und ständig sich steigernde körperliche Schmerzen. So schreibt Castaneda in seiner »Reise nach Ixtlán« über die Lebens- und Erkenntnishilfe des Todes: »Ein riesiger Berg von Nichtigkeiten verschwindet, wenn dein Tod dir zuwinkt oder wenn du ihn für einen flüchtigen Augenblick zu schauen glaubst... Der Tod ist der einzige weise Ratgeber, den wir besitzen.«


Der Castaneda-Boom

Bis vor kurzem haben Wissenschaftler, zumindest im deutschsprachigen Raum, es verschmäht, die Bücher Castanedas zum Gegenstand wissenschaftlicher Forschung zu machen. Er galt ihnen bestenfalls als anthropologisch grundierte, aber nicht ernst zu nehmende exotische Phantasy und schlimmstenfalls als modische Märchenerzählerei. Zunächst blieb es Schriftstellern vorbehalten, sich mit Castaneda, mit seiner Sprache und seinen Inhalten auseinanderzusetzen und ihre Bedeutung für das moderne Lebensgefühl herauszuspüren.
Die wissenschaftliche Castaneda-Abstinenz scheint sich zu lockern. So hielt der Literaturwissenschaftler Professor Wilhelm Gauger aus Berlin auf einer

Tagung der Internationalen Europäischen Märchengesellschaft in Bad Karlshafen einen längeren Vortrag mit dem Titel »Die Wirklichkeit eines Brujo; Betrachtungen über das Weltbild des Don Juan Matus«. Gaugers Bekanntschaft mit Castaneda hat exemplarischen Charakter:
»Ich lernte die ersten Bände von Castaneda 1973 kennen und war von ihnen fasziniert, weil dort eine Welt dargestellt wurde, die außerordentliche Ähnlichkeit mit der des Romans ›The Magus‹ von John Fowles hatte, den ich zu der Zeit gerade in einem Seminar behandelte. Ich hatte gewisse Bedenken hinsichtlich der Don-Juan-Bücher; einiges erschien mir zu unwahrscheinlich, anderes zu unbekannt, wieder anderes zu gut und originell, um erfunden zu sein. Inzwischen erschien Band um Band von Castaneda; nach und nach wurden Äußerungen für und gegen ihn bekannt, erschienen die ersten Bücher und Zeitungsartikel über ihn. Viele dieser Äußerungen entsprachen meiner eigenen Faszination und Verwirrung, andere sprachen sich strikt gegen Castaneda aus.«
Nach eingehender inhaltlicher Interpretation der Castaneda-Bände, ihrer Figuren und Themen, kommt der Literaturwissenschaftler Gauger auf seine persönliche Einstellung zu Castaneda zu sprechen und gibt folgendes bemerkenswertes Statement ab:
»Ich versuche, nicht *über* Castaneda zu sprechen, sondern ihn von innen heraus zu verstehen, so wie ich als Literaturwissenschaftler schlecht dastände,

wenn die Literatur für mich nur ein Gegenstand unter vielen anderen wäre, der mich weiter nichts angeht. ›Glauben Sie nun an Castaneda oder nicht?‹ könnte jemand einwenden. Aber was für eine Frage? Weiß ich das denn selbst?«

Seit geraumer Zeit ergießt sich eine wahre Interpretationsflut über den »armen« Castaneda. Person und Werk werden zum Gegenstand von Seminaren und Vorträgen. Zentrale Begriffe der Castaneda-Bücher wie »Kraft« und »Krieger« werden in tiefschürfenden Diskussionen auf ihre Bedeutungen hin zerpflückt. Eine typisch deutsche Tiefengründelei hat sich der symbolischen Figurationen und Figuren Castanedas bemächtigt. Abendländische Bildungsgüter, Philosophien aus West und Ost und literaturwissenschaftliche Methoden werden bemüht, um die Bücher Castanedas in einen »Sinnzusammenhang« zu stellen und für jedermann platt erklärbar und »verdaubar« zu machen. Warum muß man hinter allem eine »Weltanschauung« wittern? Warum kann man den aus Sprache und Gedanken gewobenen Teppich der Zauber-Erzählungen Castanedas nicht ohne »Hintergedanken« auf sich wirken lassen, und ohne ihn gleich zu bearbeiten und zu beklopfen, bis er sich unserer dürr rationalen Alltagswelt fügt?

Zwei Bücher markieren sozusagen Endpunkte des Spektrums möglicher Castaneda-Beschäftigung und -Aneignung. Lothar-Rüdiger Lütge hat unter dem Titel »Carlos Castaneda und die Lehren des Don Juan« eine »praktische Anleitung« veröffentlicht, »die es ermöglicht, Don Juans Lehren nachzuvollziehen und im täglichen Leben anzuwenden«. Dieser Einführungsband ist der Versuch einer systematischen Darstellung der grundlegenden Begriffe und Begriffselemente Castanedas und soll die »Erkenntnisse« Castanedas für die Belange des Alltags nutzbar machen. Die Welt Castanedas fein säuberlich in kategoriale und definitorische Häppchen zerlegt, mit vielen Originalzitaten garniert und für den alltäglichen Gebrauch aufbereitet. Was würde Castaneda dazu sagen?

In seinem Buch »Von Meister Eckardt bis Carlos Castaneda; Reise durch eine andere Wirklichkeit« bemüht sich Hans E. Ulrich die »Lehren des Don Juan« in Beziehung zu setzen zu den Welt- und Lebensanschauungen anderer Kulturen, etwa zu mystischen Vorstellungen des Christentums und des Islam, zu Vorstellungen des Zen-Buddhismus und verschiedener Geheimlehren. Ulrich entdeckt verblüffende Parallelen bis in einzelne Figuren und Gedanken hinein. Offensichtlich ist der westliche Geist, trainiert auf Vergleiche und Schlußfolgerungen, nicht eher zufrieden, als bis er ein ihm rätselhaftes, auf den ersten Blick nicht erschließbares Phänomen in ein Netz von Bezügen eingespannt und damit »anschaubar« gemacht hat.

Wo ist das Buch, dessen Autor sich wirklich in die Wirklichkeit des Don Juan hineinbegibt, sich von dem Gewirr von Erzähl- und Gedankenflüssen einfangen und leiten läßt, die vielen Kurven und Symmetrien nachvollzieht – sich schlicht auf den Weg begibt, kein Ziel vor Augen, sondern den Weg als Ziel nimmt? Alle mir bekannten Beschreibungen, Interpretationen und Einordnungen sind vor allem für die beiden ersten der oben genannten Lesergruppen geeignet, nicht aber für die dritte, die, nach meiner Meinung, »ihren« Castaneda so liest, daß er den meisten Gewinn und Genuß bietet.


Eine Trouvaille

Das immer wieder beschworene, bis heute immer noch unaufgeklärte Mysterium um die Person des Autors gehört untrennbar zur faszinierenden Attraktivität seiner Bücher, mehr noch: Person und Werk, beide gleichermaßen geheimnisumwittert, bilden eine Einheit, beide sind aufeinander angewiesen, der eine Teil wäre nichts oder jedenfalls viel weniger ohne den anderen.
Das folgende Gespräch mit Castaneda – von Joachim A. Frank vorzüglich übersetzt und dem Castaneda-Ton nachempfunden – ist wirklich eine Trouvaille, ein zufälliger glücklicher Fund. Den ersten Hinweis auf das Interview verdanke ich der Frankfurter Buchmesse vor zwei Jahren. Dort fiel mir eines jener Esoterik-Blättchen in die Hand, die seit einiger Zeit wie Pilze aus der Presselandschaft schießen; in dieser Publikation waren innerhalb eines längeren Berichts Auszüge aus dem Interview abgedruckt. Das ganze Interview, geführt von

einer Schriftstellerin mit spanisch klingendem Namen, der es gelungen sei, Castaneda zu einem Gespräch zu bewegen, sei in einer argentinischen Zeitschrift mit dem Namen »Mutantia« erschienen. Kurze Zeit später erfuhr ich von Berichten mit Interview-Auszügen in amerikanischen Zeitschriften.
Zunächst war ich mehr als skeptisch. Hatte ich nicht seit Jahren immer wieder den gleichen Bescheid erhalten? Castaneda lasse sich weder fotografieren noch sprechen. Ein gezeichnetes Porträt hatte ich mal in einer amerikanischen Zeitschrift gesehen. Und irgendwo auch ein Foto, das so dunkel und unscharf war, daß es jeden Menschen hätte zeigen können. Warum sollte eine argentinische Schriftstellerin mehr Erfolg haben als viele Journalisten, die sich vergeblich bemüht hatten, Castaneda ausfindig zu machen, um ihn zu interviewen?
Es dauerte mehrere Wochen, bis die Mitarbeiterin des S. Fischer Verlags in New York, Barbara Perlmutter, die an einer amerikanischen Universität tätige Schriftstellerin namens Graciela Corvalán ausfindig machen und den bisher noch nicht in ganzer Länge veröffentlichten Text des Interviews in spanischer Sprache besorgen konnte.
Ob zufällig oder nicht, das erste Interview, das Castaneda innerhalb von zehn Jahren gegeben hat, fand auf dem Gelände der Universität von Kalifornien in Los Angeles statt, jener Universität, an der Castaneda mit dem Text zu seinem ersten Buch

»Die Lehren des Don Juan«, einer als anthropologischen Feldstudie deklarierten Arbeit, promoviert hatte. Das Interview, dessen Lektüre an Castaneda-Texte erinnert, gibt Auskunft darüber, wo der »Meisterschüler« des Don Juan und mit wem lebt, wie er arbeitet, welche Lektüre er bevorzugt, welche Pläne und Zukunftsvorstellungen er hat. Die Antworten auf die Fragen seiner Gesprächspartnerin sind so verblüffend, wie der Castaneda-Leser es von den Büchern her kennt. Hier, in dem Interview, gewinnt die Gestalt Castanedas allerdings mehr Kontur als in den Büchern, in denen die Figur des Ich-Erzählers hinter dem Gesprächs- und Handlungsgeflecht eher zurücktritt und sich der Anschauung und dem Zugriff des Lesers entzieht. Der Castaneda der Bücher ist sozusagen ein leerer Spiegel, den jeder Leser mit seinen Vorstellungen und Projektionen ausfüllen mag.

Es ist dem Geschick der Interviewerin zu danken, ihrer Kunst des Fragens und Darstellens, daß Castaneda von Anfang bis Ende des kunstvoll komponierten Textes in erstaunlicher Intensität präsent ist und eine solche Fülle an Einzelheiten seines äußeren und inneren Lebens preiszugeben bereit ist.

Willi Köhler

# Der Weg der Tolteken

Die Begegnung

Ich hatte ihm vor einigen Monaten geschrieben (zwei Briefe, um genau zu sein), und dann hatte mich Carlos Castaneda angerufen. Das war Mitte Juli gewesen. Sein Anruf kam für mich völlig überraschend. Castaneda sprach lange, und ohne daß ich ihn darum gebeten hätte, erklärte er sich bereit, mir Auskünfte zu geben.
Castaneda war daran interessiert, mich kennenzulernen und mit mir zu sprechen. Es lag ihm daran, mir verständlich zu machen, daß *die Aufgabe*, der er sich widmete, von großer Wichtigkeit war. »Ich bin weder ein Guru noch ein Scharlatan«, sagte er und spielte damit auf einige Kritiker und Journalisten an. Castaneda ist ein ernsthafter Forscher, der über seine derzeitigen Tätigkeiten in Mexiko und über seine erkenntnistheoretische Arbeit sprechen wollte. Nach seinen Worten begreift der Europäer nicht, daß es auch andere gibt, die denken, und daß es eine andere Beschreibung der Wirklichkeit gibt als die seine.
Als er schon in Los Angeles war, rief mich Carlos Castaneda wieder an. Da er mich nicht erreichte, hinterließ er eine Nachricht und die Angaben bezüglich der Zeit und des Ortes unseres Treffens. »Fahren Sie bei der und der Straße vom Freeway

herunter und biegen Sie dort und dort nach rechts ab. Fahren Sie an vier Verkehrsampeln vorbei, dann kommt zur Linken die Kirche der Unbefleckten Empfängnis, aber die geht Sie nichts an. Sie biegen nach rechts ab und sind auch schon vor dem Campus der UCLA. Fahren Sie auf den Parkplatz. Da es Sonntag ist, wird niemand dort sein, und Sie kommen ohne Probleme hinein. Im allgemeinen trifft man dort am Wochenende nur wenig Leute. Um vier Uhr dann bei der Einfahrt.« Castaneda erwartete uns in einem braunen Volkswagen.

An diesem Abend und am folgenden Vormittag arbeitete ich fieberhaft an meinen Notizen. Ich hatte wenig geschlafen, war aber nicht müde. Gegen ein Uhr nachmittags machten sich meine Freunde und ich in Richtung des Campus der UCLA auf den Weg. Wir hatten etwas mehr als zwei Stunden zu fahren.

Wir folgten den Anweisungen Castanedas und fanden ohne Schwierigkeiten das Einfahrtstor des Parkplatzes der UCLA. Es war ein Viertel vor vier. Wir parkten an einer mehr oder weniger dunklen Stelle.

Um Punkt vier hob ich den Blick und sah sie auf unser Auto zukommen: meine Freundin mit einem dunkelhäutigen Mann, der etwas kleiner als sie war. Castaneda trug blaue Jeans und eine helle cremefarbene Hemdjacke mit offenem Kragen (ohne Taschen). Ich stieg aus und ging den beiden rasch entgegen. Nach der Begrüßung und den üblichen Höflichkeitsfloskeln fragte ich ihn, ob ich ein

Tonbandgerät benutzen dürfe. Wir hatten eines im Wagen für den Fall, daß er es erlaubte. »Nein, lieber nicht«, antwortete er mit einem Schulterzukken. Wir holten die Notizen, Hefte und Bücher aus dem Wagen.
Mit Büchern und Papieren beladen, ließen wir uns von Castaneda führen. Er kannte den Weg gut. »Dort drüben stehen ein paar sehr schöne Bänke«, sagte er und deutete mit der Hand in die Richtung.
Castaneda legte den Ton des Gesprächs und die Themen, die wir behandeln wollten, von Anfang an fest. Mir wurde klar, daß ich all die Fragen, die ich mir mühsam zurechtgelegt hatte, gar nicht brauchen würde. Wie er schon am Telefon gesagt hatte, wollte er mit uns über die Aufgabe sprechen, der er sich widmete, und über die Bedeutung und Ernsthaftigkeit seiner Forschungen.
Das Gespräch wurde anfangs auf spanisch geführt. Er bedient sich dieser Sprache fließend und mit viel Sinn für Humor. Castaneda ist ein Meister in der Kunst der Konversation. Wir sprachen ganze sieben Stunden lang. Die Zeit verging, ohne daß seine Begeisterung oder unsere Aufmerksamkeit nachließ. Je mehr Vertrauen er faßte, desto häufiger gebrauchte er typisch argentinische Ausdrücke, um sich gewissermaßen damit zu brüsten, daß er »einer aus Buenos Aires« war – eine liebenswürdige Geste uns gegenüber, die wir alle aus Argentinien stammten.
Ich muß erwähnen, daß, obwohl sein Spanisch kor-

rekt ist, seine Muttersprache ganz offensichtlich die englische ist. Er machte reichlich Gebrauch von englischen Wörtern und Ausdrücken, für die wir ihm die entsprechenden spanischen nannten. Daß Englisch seine Sprache ist, zeigt sich auch an seinem Satzbau und an seinen Redewendungen.

Den ganzen Nachmittag lang bemühte sich Castaneda, das Gespräch einem intellektuellen Niveau fernzuhalten. Obwohl er zweifellos viel gelesen hat und die verschiedenen Denkströmungen kennt, stellte er niemals Vergleiche mit anderen Traditionen der Vergangenheit oder Gegenwart an. Er vermittelte uns »die toltekische Lehre« mit Hilfe materieller Bilder, die keine spekulative Deutung zuließen. Auf diese Weise gehorchte Castaneda nicht nur seinen Lehrern, sondern er blieb auch dem Weg treu, den er gewählt hat – er wollte seine Lehre durch nichts verfälschen, was ihr fremd war.

Kurz nach unserem Zusammentreffen wollte er die Gründe für unser Interesse an seiner persönlichen Bekanntschaft erfahren. Er wußte schon von den Rezensionen, die ich gegebenenfalls schreiben wollte, und von meinem geplanten Buch mit Interviews. Aber über alles Berufliche hinaus hoben wir die Bedeutung seiner Bücher hervor, die uns und viele andere so sehr beeinflußt hatten. Wir hatten ein tiefes Interesse daran, die Quelle dieser Lehre kennenzulernen.

Mittlerweile waren wir bei den Bänken angekommen und setzten uns im Schatten der Bäume.

»Mir hat Don Juan alles gegeben«, begann er. »Als ich ihn kennenlernte, hatte ich kein anderes Interesse als die Anthropologie, aber von dieser Begegnung an änderte ich mich. Und was mit mir geschehen ist, würde ich gegen nichts tauschen!«
Don Juan war mitten unter uns. Jedesmal wenn ihn Castaneda erwähnte oder sich an ihn erinnerte, spürten wir seine Gemütsbewegung. Er sagte uns über Don Juan, daß er eine Ganzheit von vollkommener Intensität sei, jeden Augenblick imstande, sich ganz zu geben. »Sich jeden Augenblick ganz zu geben, ist sein Prinzip, seine Regel«, sagte er. Daß Don Juan so ist, kann nicht erklärt werden, und es wird selten verstanden. »Er *ist* einfach.«
In *Der zweite Ring der Kraft* erinnert sich Castaneda an ein besonderes Merkmal von Don Juan und Don Genaro, das allen anderen fehlt. Er schreibt dort: »Keiner von uns war bereit, dem anderen *ungeteilte Aufmerksamkeit* zu schenken, wie Don Juan und Don Genaro es getan hatten.« (S. 194.)[1] Diese Worte weisen auf dieses *in jedem Augenblick ganz Sein* hin, auf diese *Gegenwärtigkeit*, die Don Juan ist. Bei vielen Gelegenheiten muß sich Castaneda auf dieses »Handeln« beziehen, auf diesen vollkommen selbstlosen und freien Akt des Seins.
Nach *Der zweite Ring der Kraft* war ich voller Fragen. Das Buch interessierte mich sehr, vor allem nach der zweiten Lektüre, aber ich hatte ungün-

---

1 Kursivschreibung durch die Autorin.

stige Kommentare gehört. Auch ich selbst hatte gewisse Zweifel. Ich sagte, ich glaubte, die *Reise nach Ixtlán* habe mir am besten gefallen, ohne daß ich recht wüßte, warum. Castaneda hörte mir zu und erwiderte meine Worte mit einer Gebärde, die zu sagen schien: Was habe ich mit den Geschmäckern all dieser Leute zu schaffen? Ich sprach weiter, suchte nach Begründungen und Erklärungen. »Vielleicht bevorzuge ich das Buch deshalb, weil man in der *Reise nach Ixtlán* soviel Liebe spürt«, sagte ich. Castaneda verzog das Gesicht. Das Wort *Liebe* behagte ihm nicht. Möglicherweise hatte der Ausdruck für ihn die Nebenbedeutungen »romantische Liebe«, »Sentimentalität« oder »Schwäche«. Ich versuchte, mich genauer auszudrücken und bestand darauf, daß die letzte Szene der *Reise nach Ixtlán* voller Intensität sei. Dem stimmte Castaneda zu. Ja, damit sei er einverstanden. »Intensität, ja«, sagte er. »Das ist das richtige Wort.«
Ich blieb bei demselben Buch und sagte ihm, daß mir einige Szenen entschieden »grotesk« vorgekommen seien. Ich fand für sie keine Rechtfertigung. Castaneda gab mir recht. »Ja, das Benehmen dieser Frauen ist monströs und grotesk, aber diese Vision war notwendig, um in Aktion treten zu können«, sagte er. Castaneda brauchte diesen »Schock«.
»Ohne Gegner sind wir nichts«, fuhr er fort. »Gegner zu sein, ist der menschlichen ›Form‹ eigen. Das Leben ist Krieg, Kampf. Der Friede ist eine Anomalie.« Er kam auf den Pazifismus zu sprechen und

bezeichnete ihn als »Monstrosität«, weil wir Menschen seiner Meinung nach »Wesen der Gewinne und Kämpfe sind«.
Ich vermochte mich nicht zurückzuhalten und sagte, ich könne nicht gelten lassen, daß er den Pazifismus als Monstrosität qualifiziere. »Und Gandhi? Wie sehen Sie, zum Beispiel, Gandhi?«
»Gandhi«, antwortete er, »ist kein Pazifist. Gandhi ist einer der gewaltigsten Kämpfer, die es je gegeben hat. Und was für ein Kämpfer!«
Ich begriff, daß Castaneda den Wörtern ganz eigene Werte beimißt. Der »Pazifismus«, auf den er angespielt hatte, konnte nur der Pazifismus des Schwachen sein, des Menschen, der nicht genug Schneid hat, um etwas anderes zu sein und zu tun, der nichts tut, weil er keine Energie und keine Ziele im Leben hat; mit einem Wort, der Pazifismus, der eine selbstgefällige und hedonistische Einstellung widerspiegelt.
Mit einer großen Gebärde, die eine ganze Gesellschaft ohne Werte, ohne Willen und Energie einschloß, sagte er: »Alle drogensüchtig... Ja, Hedonisten!«
Castaneda erklärte diese Begriffe nicht, und wir baten ihn auch nicht darum. Ich glaubte verstanden zu haben, daß die Askese des Kriegers zum Teil darin besteht, sich von der menschlichen ›Form‹ zu befreien, aber die ungewöhnlichen Kommentare Castanedas hatten mich verwirrt. Dennoch wurde mir nach und nach klar, daß der Umstand, »Wesen der Gewinne und Kämpfe« zu sein, eine erste Be-

ziehungsebene darstellt. Das ist das Rohmaterial, von dem man ausgeht. Don Juan spricht in den Büchern immer vom guten »Tonal« eines Menschen. Hier beginnt die Lehrzeit und geht auf eine andere Ebene über. »Man kann nicht auf die andere Seite hinüber, ohne die menschliche ›Form‹ zu verlieren«, sagte Castaneda.

Ich blieb bei diesen Aspekten seines Buches, die mir nicht klargeworden waren, und fragte ihn nach den »Höhlungen« oder »Löchern«, die in den Menschen durch die einfache Tatsache zurückbleiben, daß sie sich fortgepflanzt haben.

»Ja«, sagte Castaneda. »Es gibt Unterschiede zwischen Menschen, die Kinder haben, und solchen, die keine haben. Um auf Zehenspitzen vor dem Adler vorbeizugehen, muß man heil und ganz sein. Ein Mensch mit ›Löchern‹ kommt nicht vorbei.«

Die Metapher des »Adlers« sollte er uns später erklären. Im Augenblick blieb sie beinahe unbemerkt, weil sich unsere Aufmerksamkeit auf ein anderes Thema konzentrierte.

»Wie erklären Sie die Haltung Doña Soledads gegenüber Pablito und die der Gorda gegenüber ihren Töchtern?« wollte ich wissen. Den Kindern diesen »Schneid« wieder wegzunehmen, den sie uns bei ihrer Geburt nehmen, war für mich im großen ganzen etwas Unfaßbares.

Castaneda gab zu, daß er all das noch nicht gut in ein System gebracht hatte. Er bestand jedoch auf den Unterschieden zwischen Menschen, die sich

fortgepflanzt, und solchen, die es nicht getan haben.
»Don Genaro ist närrisch, närrisch! Don Juan dagegen ist ein ernsthafter Narr. Don Juan geht langsam, kommt aber weit. Zuletzt kommen beide an...
Ich habe wie Don Juan Löcher«, fuhr er fort. »Das heißt, daß ich einem anderen Weg folgen muß. Die Genaros dagegen haben ein anderes Vorbild.
Die Genaros haben, zum Beispiel, einen besonderen ›Schneid‹, den wir nicht haben. Sie sind nervöser und gehen schnell... Sie sind sehr leicht; nichts hält sie auf.
Diejenigen, die wie la Gorda und ich Kinder haben, besitzen andere Merkmale, die diesen Verlust ausgleichen. Man ist gelassener, und obwohl der Weg lang und mühselig ist, kommt man auch an. Im allgemeinen verstehen diejenigen, die Kinder haben, wie man für andere sorgt. Das bedeutet nicht, daß es die Kinderlosen nicht können, aber es ist anders...
Im allgemeinen weiß einer nicht, was er tut. Man ist unbedacht, und dann zahlt man dafür. Ich wußte nicht, was ich tat!« rief er und meinte zweifellos sein eigenes Leben.
»Bei meiner Geburt nahm ich meinem Vater und meiner Mutter alles«, sagte er. »Sie waren völlig zerstört! Ich mußte ihnen diesen ›Schneid‹ zurückgeben, den ich ihnen genommen hatte. Jetzt muß ich den ›Schneid‹ wiedergewinnen, den ich verloren habe.«

Es sieht so aus, als könnte das mit den »Löchern«, die man schließen muß, etwas mit biologischen Atavismen zu tun haben. Wir wollten wissen, ob das »Löcherhaben« nicht wiedergutzumachen sei. »Doch«, antwortete er. »Man kann sich heilen. Nichts im Leben ist unwiderruflich. Es ist immer möglich zurückzugeben, was nicht unser ist, und zurückzugewinnen, was einem gehört.«
Dieser Gedanke der Zurückgewinnung hängt mit einem ganzen »Weg der Lehrzeit« zusammen, einem Weg, auf dem es nicht genügt, eine oder mehrere Techniken zu kennen oder zu praktizieren, sondern der die individuelle und tiefe Verwandlung des Wesens erfordert. Es geht dabei um alles – ein zusammenhängendes Lebenssystem mit konkreten und präzisen Zielen.
Nach einem kurzen Schweigen fragte ich ihn, ob *Der zweite Ring der Kraft* ins Spanische übersetzt worden sei. Laut Castaneda besaß ein spanischer Verlag die Rechte, aber er wußte nicht, ob das Buch schon erschienen war oder nicht.
»Die Übersetzungen ins Spanische hat Juan Tovar gemacht, der ein guter Freund von mir ist.« Juan Tovar benutzte die Aufzeichnungen in spanischer Sprache, die Castaneda selbst ihm zur Verfügung gestellt hatte und die von einigen Kritikern angezweifelt wurden.
Die Übersetzung ins Portugiesische scheint sehr schön zu sein. »Ja«, sagte Castaneda. »Diese Übersetzung stützt sich auf die französische. Sie ist wirklich sehr gut.«

In Argentinien waren seine ersten beiden Bücher verboten worden.[2] Als Grund gab man, wie es scheint, die Sache mit den Drogen an. Castaneda wußte es nicht. »Warum?« fragte er uns, und dann sagte er, ohne unsere Antwort abzuwarten: »Ich denke mir, es ist das Werk der ›Mutterkirche‹.«[3]

Am Beginn unseres Gesprächs erwähnte Castaneda etwas von der »toltekischen Lehre«. Auch in *Der zweite Ring der Kraft* ist von den »Tolteken« und vom »Tolteke-Sein« die Rede. »Was bedeutet das, ein Tolteke sein?« fragten wir ihn.

Nach Castaneda stellt das Wort »toltekisch« eine sehr umfassende Bedeutungseinheit dar. Man sagt von jemandem, er sei Tolteke, wie man von einem anderen sagt, daß er Demokrat oder Philosoph ist. So wie er es gebraucht, hat das Wort nichts mit seiner anthropologischen Bedeutung zu tun.[4]

»Tolteke ist, wer die Geheimnisse des Pirschens und des Traumes kennt.« Sie alle sind Tolteken. Sie bilden eine kleine Gruppe, die es verstanden hat,

---

2 Zur Zeit des Gesprächs war in Argentinien noch die Militär-Junta an der Macht. Argentinien kehrte nach den Wahlen von 1983 zu einer demokratischen Regierungsform zurück.
3 Eine offensichtliche Anspielung auf die katholische Kirche. Wie Spanien für Spanisch-Amerika das »Mutterland« ist, so ist die katholische Kirche, die Spanien mit der Eroberung und Kolonisierung mitbrachte, die »Mutterkirche«. Diese Bemerkung hat zweifellos einen ironischen Unterton.
4 Anthropologisch gesehen, bezieht sich der Ausdruck toltekisch auf eine indianische Kultur in Mittel- und Südamerika, die schon längst erloschen war, als Spanien Amerika eroberte und kolonisierte.

eine Tradition von mehr als 3000 Jahren lebendig zu erhalten.
Da ich mich schon mit dem mystischen Denken beschäftigte und besonders daran interessiert war, die Herkunft und den Entstehungsort der verschiedenen Traditionen zu entdecken, fragte ich weiter:
»Sie glauben also, daß die toltekische Tradition eine Lehre bietet, die Amerika eigen ist?«
Das »toltekische Volk« hält an einer Tradition fest, die zweifellos Amerika eigen ist. Castaneda fügte hinzu, es sei möglich, daß die Völker Amerikas etwas aus Asien mitgebracht hätten, als sie über die Behringstraße herüberkamen, aber das alles sei so viele Jahrtausende her, daß es vorerst nur Theorien gebe.
In *Der Ring der Kraft* erzählt Don Juan von den *brujos*, den Hexenmeistern, den Zauberern, diesen »Männern des Wissens«, die der weiße Mann durch die Eroberung und Kolonisierung nicht vernichten konnte, weil er weder etwas von ihnen wußte noch das völlig Unbegreifliche ihrer Welt wahrnahm.
»Wer bildet das toltekische Volk? Arbeiten diese Menschen zusammen und wo?« fragten wir.
Castaneda antwortete auf alle unsere Fragen. Er leitet jetzt eine Gruppe junger Menschen, die in der Gegend von Chiapas, im Süden Mexikos, lebt. Sie hatten sich dort versammelt, weil die Señora, die sie jetzt unterrichtet, dort zu Hause ist.
»Dann ... sind Sie also zurückgekehrt?« mußte ich ihn unwillkürlich fragen, da ich mich an das letzte

Gespräch Castanedas mit den Schwesterchen am Ende von *Der zweite Ring der Kraft* erinnerte.
»Sind Sie rasch zurückgekehrt, so wie es la Gorda von Ihnen verlangte?«
»Nein, rasch nicht, aber zurückgekehrt bin ich«, antwortete er lächelnd. »Ich bin zurückgekehrt, um eine Aufgabe zu beenden, die ich nicht unerledigt lassen konnte.«
Die Gruppe besteht aus etwa vierzehn Mitgliedern. Obwohl den eigentlichen Kern nur acht oder neun Personen bilden, sind alle unentbehrlich für die Aufgabe. Wenn jeder hinlänglich vollkommen ist, kann man einer großen Zahl von Wesen helfen.
»Die Acht ist eine magische Zahl«, sagte Castaneda unvermittelt. Er beteuerte auch, daß sich der Tolteke nicht allein zurückzieht, sondern mit dem Grundkern der Gruppe geht. Die Zurückbleibenden sind unentbehrlich, um weiterzumachen und die Tradition am Leben zu erhalten. Die Gruppe braucht nicht groß zu sein, aber jeder, der an der Aufgabe mitwirkt, ist unumgänglich nötig für das Ganze.
»La Gorda und ich sind verantwortlich für die Anhänger. Nun ja, in Wirklichkeit bin ich verantwortlich, aber sie ist meine vertraute Gehilfin bei dieser Aufgabe«, erklärte Castaneda.
Dann erzählte er uns von den Mitgliedern der Gruppe, die wir aus seinen Büchern kannten. Er sagte uns, daß Don Juan ein Yaqui-Indianer aus dem Staat Sonora ist. Pablito dagegen ist Mixteke

und Néstor Mazateke (aus Mazatlán in der Provinz Sinaloa). Benigno ist Zotsil. Er betonte mehrere Male, daß Josefina keine Indianerin ist, sondern Mexikanerin, und daß einer ihrer Großväter französischer Abstammung war. La Gorda gehört wie Néstor und Don Genaro dem Stamm der Mazateken an. »Als ich sie kennenlernte, war la Gorda eine ungeheuer dicke, plumpe und vom Leben schwer gezeichnete Frau«, sagte er. »Niemand, der sie kannte, kann sich jetzt vorstellen, daß die Frau von heute dieselbe ist wie die von damals.«

Wir wollten wissen, in welcher Sprache er sich mit allen Angehörigen der Gruppe verständigte und welche Sprache sie im allgemeinen untereinander gebrauchten. Ich erinnerte ihn daran, daß in seinen Büchern auf einige indianische Sprachen hingewiesen wird.

»Wir verständigen uns auf spanisch, denn das ist die Sprache, die alle sprechen«, antwortete er. »Außerdem ist weder Josefina noch die toltekische Señora Indianerin. Ich spreche nur ein wenig Indianisch. Einzelne Sätze, Grußformeln und ein paar andere Ausdrücke. Was ich kann, erlaubt mir nicht, ein Gespräch zu führen.«

Wir nutzten eine Pause, die er machte, und fragten ihn, ob die Aufgabe, die sie erfüllten, allen Menschen zugänglich sei oder ob es sich um etwas für nur wenige handle.

Da unsere Fragen darauf abzielten, die Relevanz der toltekischen Lehre und den Wert der Erfahrungen der Gruppe für die übrige Menschheit zu er-

kennen, erklärte uns Castaneda, daß jedes Mitglied der Gruppe spezifische Aufgaben auszuführen habe, sei es in Yucatán, in anderen Gebieten Mexikos oder anderswo.
»Bei der Erfüllung von Aufgaben entdeckt man sehr viele Dinge, die direkt auf die konkreten Situationen des täglichen Lebens anwendbar sind. Man lernt viel, wenn man Aufgaben erfüllt.
Die Genaros, zum Beispiel, haben eine Musikkapelle, mit der sie alle Orte an der Grenze bereisen. Sie können sich vorstellen, daß sie mit vielen Menschen in Berührung kommen. Immer besteht die Möglichkeit, das Wissen weiterzugeben. Immer hilft man. Man hilft mit einem Wort, einer kleinen Andeutung... Das tut jeder, der seine Aufgabe getreulich erfüllt. Alle Menschen können lernen. Alle haben die Möglichkeit, als Krieger zu leben.
Jeder kann die Aufgabe des Kriegers übernehmen. Nötig ist nur, daß man es mit einem unerschütterlichen Willen vorhat, das heißt, man muß unerschütterlich sein in dem Wunsch, frei zu sein. Der Weg ist nicht leicht. Ständig suchen wir Ausflüchte und versuchen zu entkommen. Es ist möglich, daß es dem Geist gelingt, aber der Körper spürt alles... Der Körper lernt rasch und leicht.
Der Tolteke kann keine Energie mit Albernheiten vergeuden«, fuhr er fort. »Ich war einer von den Menschen, die nicht ohne Freunde sein können... Nicht einmal ins Kino konnte ich allein gehen.«
Don Juan sagte ihm eines Tages, daß er alles aufge-

ben und sich von all den Freunden trennen müsse, mit denen er nichts gemein hatte. Lange widerstand er diesem Gedanken, bis er ihn sich schließlich zu eigen machte.

»Eines Tages kehrte ich nach Los Angeles zurück, stieg einen Block vor meinem Haus aus dem Wagen und rief an. Natürlich war mein Haus an diesem Tag wie immer voller Leute. Einer meiner Freunde war am Telefon, und ich bat ihn, ein paar Sachen in einen Koffer zu packen und ihn mir zu bringen. Ich sagte ihm auch, daß sie die übrigen Bücher, Schallplatten etc. unter sich aufteilen konnten. Natürlich glaubten meine Freunde mir nicht und nahmen alles nur als geliehen an«, erklärte Castaneda.

Dieser Akt, sich der Bücher und Platten zu entledigen, bedeutet soviel wie mit der ganzen Vergangenheit brechen, mit einer ganzen Welt von Ideen und Emotionen.

»Meine Freunde glaubten, ich sei verrückt, und warteten darauf, daß ich mich wieder von meiner Verrücktheit erholte. Ich sah sie etwa zwölf Jahre lang nicht... Ja, ungefähr zwölf Jahre«, schloß er.

Nachdem zwölf Jahre vergangen waren, konnte Castaneda sie wiedersehen. Er suchte zuerst einen Freund auf, der ihn dann wieder mit den anderen zusammenbrachte. Sie planten einen Ausflug, auf dem sie zusammen zu Abend aßen. Diesen Tag verbrachten sie sehr angenehm. Sie aßen viel und seine Freunde betranken sich.

»Das Zusammentreffen mit ihnen nach zwölf Jah-

ren war meine Art, mich für die Freundschaft zu bedanken, die sie mir früher entgegengebracht hatten«, sagte Castaneda. »Jetzt sind sie alle erwachsen. Sie haben ihre Familien, Frauen, Kinder... Trotzdem mußte ich ihnen danken. Nur so konnte ich endgültig mit ihnen brechen und einen Abschnitt meines Lebens beenden.«
Es ist möglich, daß Castanedas Freunde nicht verstanden und nicht nachfühlen konnten, was er tat, aber daß er ihnen danken wollte und konnte, war etwas sehr Schönes. Castaneda ärgerte sich nicht über sie. Er verlangte nichts von ihnen. Er dankte ihnen aufrichtig für ihre Freundschaft und befreite sich dadurch von dieser ganzen Vergangenheit.
Wir sprachen dann von der Liebe, der »hochgepriesenen Liebe«. Er erzählte uns einige Anekdoten von einem italienischen Großvater, der »immer so liebebedürftig«, und von seinem Vater, der »so ein Bohemien« war. »Oh! L'amore! L'amore!« wiederholte er mehrere Male. Alle seine Bemerkungen neigten dazu, die Vorstellungen zu zerstören, die man sich von der Liebe macht.
»Ich habe schwer gelernt«, fuhr er fort. »Auch ich war *sehr* liebebedürftig. Es kostete Don Juan viel Mühe, mir begreiflich zu machen, daß ich eine gewisse Verbindung aufgeben mußte. Schließlich brach ich mit ihr auf folgende Weise: Ich lud sie zum Abendessen ein, und wir trafen uns in einem Restaurant. Während des Essens kam es so wie immer. Es gab einen Streit und sie beschimpfte und beleidigte mich. Zuletzt fragte ich sie, ob sie Geld

bei sich habe. Sie sagte ja. Ich gab vor, zu meinem Wagen gehen zu müssen, um meine Brieftasche oder etwas dergleichen zu holen, stand auf und kam nicht mehr zurück. Bevor ich sie verließ, wollte ich mich vergewissern, daß sie genug Geld bei sich hatte, um ein Taxi zu nehmen und nach Hause zu fahren. Seit damals habe ich sie nicht wiedergesehen.
Sie werden es mir nicht glauben, aber die Tolteken sind sehr asketisch«, versicherte er.
Ohne seine Worte anzuzweifeln, bemerkte ich, daß das nicht aus *Der zweite Ring der Kraft* hervorging.
»Im Gegenteil«, sagte ich. »Ich glaube, daß in Ihrem Buch viele Szenen und Einstellungen zu Irrtümern Anlaß geben.«
»Wie, glauben Sie denn, hätte ich das klar sagen sollen?« antwortete er mir. »Ich konnte nicht sagen, daß die Beziehungen zwischen ihnen rein waren, denn es hätte mir nicht nur niemand geglaubt; es hätte auch niemand verstanden.«
Für Castaneda leben wir in einer »wollüstigen« Gesellschaft. Alles, was wir an diesem Nachmittag sprachen, würden die meisten Menschen nicht verstanden haben. Castaneda selbst sieht sich genötigt, sich gewissen Forderungen der Verleger zu fügen, die bemüht sind, den Geschmack des Leserpublikums zufriedenzustellen.
»Die Leute sind auf etwas anderes aus«, fuhr Castaneda fort. »Unlängst, zum Beispiel, ging ich hier in Los Angeles in eine Buchhandlung und fing an, in den Zeitschriften auf dem Ladentisch zu blät-

tern. Ich stellte fest, daß es eine große Menge von Zeitschriften mit Fotos von nackten Frauen gibt – auch viele mit Männern. Ich weiß nicht, was ich Ihnen sagen soll. Auf einem der Fotos war ein Mann zu sehen, der auf einer Leiter stand und ein elektrisches Kabel verlegte. Er trug einen Schutzhelm und einen breiten Gürtel mit Werkzeugen daran. Das war alles. Im übrigen war er nackt. Lächerlich! So etwas kommt einfach nicht vor! Eine Frau hat Anmut... Aber ein Mann!« Als Erklärung fügte er hinzu, das komme daher, daß die Frauen dank ihrer langen Geschichte in dieser Art von Dingen viel Erfahrung haben. »Eine solche Rolle improvisiert man nicht.«

»Was Sie nicht sagen!« warf einer von uns lebhaft ein. »Das ist das erste Mal, daß ich eine solche Erklärung höre. Daß das Verhalten der Frauen nicht improvisiert sein soll, ist etwas völlig Neues für mich.«

Nachdem wir Castaneda eine Weile zugehört hatten, waren wir davon überzeugt, daß Sex für den »Tolteken« eine ungeheure Vergeudung von Energien bedeutet, die er für eine andere Aufgabe braucht. Man versteht dann auch Castanedas nachdrückliche Behauptung bezüglich der vollkommen asketischen Beziehungen zwischen den Mitgliedern der Gruppe.

»Vom Standpunkt der Welt aus betrachtet, sind das Leben, das die Gruppe führt, und die Beziehungen der einzelnen untereinander etwas völlig Unannehmbares und Unerhörtes. Was ich Ihnen er-

zähle, klingt unglaublich. Ich selbst brauchte lange, um es zu verstehen, aber ich habe es schließlich bestätigt gefunden.«
Castaneda hatte uns schon früher gesagt, daß ein Mensch, der sich fortpflanzt, einen gewissen »Schneid« verliert. Es scheint, daß dieser »Schneid« eine Kraft ist, die die Kinder den Eltern allein dadurch wegnehmen, daß sie geboren werden. Das »Loch«, das so im Menschen zurückbleibt, muß er wieder ausfüllen. Er muß die Kraft wiedergewinnen, die er verloren hat. Castaneda gab uns auch zu verstehen, daß die länger dauernde sexuelle Beziehung eines Paares die beiden zuletzt aufreibt. In einer Beziehung treten Unterschiede auf, die dazu führen, daß sich gewisse Charakteristika des einen und des anderen allmählich gegenseitig abstoßen. Daher wählt man für die Fortpflanzung vom anderen das, was einem gefällt, aber es gibt keine Garantie dafür, daß das, was man wählt, notwendigerweise auch das Beste ist. »Vom Standpunkt der Fortpflanzung aus betrachtet«, sagte er, »ist das Beste rein zufällig.« Castaneda bemühte sich, uns diese Begriffe besser zu erklären, aber er mußte wieder gestehen, daß das Themen sind, die er selbst noch nicht klar durchschaut.

## Don Juan stirbt nicht

Castaneda hatte uns eine Gruppe beschrieben, deren Forderungen für einen gewöhnlichen Menschen extrem waren. Wir waren sehr daran interessiert zu erfahren, wohin all diese Anstrengungen führten. »Was ist das eine, einzige Ziel des ›Tolteken‹?« Wir wollten den Sinn all dessen erfassen, was uns Castaneda gesagt hatte. »Welches Ziel verfolgen Sie selbst?« beharrten wir und hoben damit die Frage auf die persönliche Ebene.

»Das Ziel ist, lebendig aus der Welt zu gehen; zu gehen mit allem, was einer ist, aber mit nicht mehr als was einer ist. Es kommt darauf an, nichts mitzunehmen, aber auch nichts zurückzulassen. Don Juan ging als *Ganzer* – lebendig! – aus der Welt. Don Juan stirbt nicht, weil die Tolteken nicht sterben.«[5]

Nach Castaneda ist die Vorstellung, daß wir frei

---

[5] In *Der zweite Ring der Kraft* erklärt la Gorda Castaneda die Dichotomie Nagual/Tonal. Der Bereich der zweiten Aufmerksamkeit »wird erst erreicht, nachdem der Krieger die Fläche seines Tisches leergefegt hat. Das Erreichen der zweiten Aufmerksamkeit... macht aus den zwei Seiten der Aufmerksamkeit eine Einheit, und diese Einheit ist die Ganzheit des Selbst«. (S. 272.) In demselben Buch sagt la Gorda zu Castaneda: »Wenn ein Zauberer *träumen* lernt, dann verbindet er seine zwei Seiten der Aufmerksamkeit, und jenes Zentrum braucht nicht mehr hervorzudringen... Zauberer sterben nicht... Ich habe nicht von mir gesprochen. Wir sind nichts. Wir sind Wechselbälger – weder ganz hier noch ganz dort. Ich habe von Zauberern gesprochen... Bei Ihnen sind die beiden Seiten der Aufmerksamkeit so fest verbunden, daß sie wahrscheinlich nie sterben werden.« (S. 270.)

seien, eine Illusion und eine Absurdität. Er bemühte sich, uns verständlich zu machen, daß uns der gesunde Menschenverstand täuscht, weil uns die gewöhnliche Wahrnehmung nur einen Teil der Wahrheit erkennen läßt.
»Die gewöhnliche Wahrnehmung sagt uns nicht die ganze Wahrheit. Es muß etwas mehr geben als das bloße Erdendasein, als Essen und Fortpflanzung«, sagt er heftig. Und mit einer Gebärde, die wir als Anspielung auf die Sinnlosigkeit des Ganzen und die ungeheure Langeweile des Lebens mit seinem täglichen Überdruß deuteten, fragte er uns: »Was ist all das, was uns umgibt?«
Der gesunde Menschenverstand ist nur die Übereinkunft, zu der wir nach einem langen Erziehungsprozeß gelangt sind, der uns die gewöhnliche Wahrnehmung als einzige Wahrheit aufzwingt.
»Die Kunst des Zauberers«, sagte er, »besteht gerade darin, den Schüler dahin zu bringen, dieses auf der Wahrnehmung beruhende Vorurteil zu erkennen und zu zerstören.«
Nach Castaneda war Edmund Husserl der erste Europäer, der die Möglichkeit erfaßte, »das Urteil aufzuschieben«.[6] Die phänomenologische Methode leugnet nicht die Elemente, die unsere gewöhnliche Wahrnehmung stützen, aber sie »setzt sie in Parenthese«.

---

6 In *Ideen zu einer reinen Phänomenologie* (1913) behandelte Husserl ausführlich die Epoche (lies Epoché) oder »phänomenologische Reduktion«.

Castaneda ist der Ansicht, daß ihm die Phänomenologie den brauchbarsten theoretisch-methodologischen Rahmen liefert, um die Lehre Don Juans zu verstehen. Für die Phänomenologie hängt das Erkennen von der Intention ab und nicht von der Wahrnehmung. Die Wahrnehmung variiert immer mit einer Geschichte, das heißt mit einem Subjekt, das erworbene Kenntnisse besitzt und in eine bestimmte Tradition eingefügt ist. Das wichtigste Prinzip der Phänomenologie ist die Annäherung an »die Dinge selbst«.
»Die Aufgabe, die Don Juan an mir erfüllte«, erklärte Castaneda, »war, daß er nach und nach die auf Wahrnehmung beruhenden Vorurteile beseitigte bis zum totalen Bruch.« Die Phänomenologie »enthält sich« des Urteils und beschränkt sich auf »die Beschreibung der rein intentionalen Akte«. Castaneda erklärte: »So *baue* ich beispielsweise das Objekt ›Haus‹. Der phänomenologische Referent ist minimal. Die Intention ist es, die den Referenten in etwas Konkretes und Einzigartiges verwandelt.«
Die Phänomenologie hat jedoch für Castaneda nur einen einfachen methodologischen Wert. Husserl ging nie über das theoretische Niveau hinaus und befaßte sich daher nicht mit dem Menschen in seinem täglichen Leben.
Für Castaneda ist der abendländische Mensch – der Europäer – nicht weiter gelangt als bis zum politischen Menschen. Dieser politische Mensch ist für ihn das Sinnbild unserer Zivilisation. »Don Juan«,

sagte er, »öffnet mit seiner Lehre den Zugang zu einem anderen, viel interessanteren Menschen: einem Menschen, der schon in einer magischen Welt oder in einem magischen Universum lebt.«
Als ich über diesen »politischen Menschen« nachdachte, fiel mir ein Buch von Eduard Spranger ein, *Lebensformen* (1914), in dem es heißt, das Leben des politischen Menschen sei von Beziehungen der Macht und der Rivalität durchdrungen. Der politische Mensch ist der Mensch der Herrschaft, dessen Macht ebensosehr die konkrete Wirklichkeit der Welt wie die Menschen beherrscht, die sie bewohnen.
Die Welt Don Juans dagegen ist eine magische, von Wesenheiten und Kräften bevölkerte Welt.
»Das Bewundernswerte an Don Juan«, sagte Castaneda, »ist, daß, obwohl er in der alltäglichen Welt verrückt (völlig verrückt!) zu sein scheint, niemand imstande ist, es zu bemerken. Der Welt bietet Don Juan eine Fassade dar, die notwendigerweise zeitbezogen ist... eine Stunde, ein Monat, sechzig Jahre. Niemand könnte ihn bei einer Unachtsamkeit ertappen! In der Welt ist Don Juan makellos, weil er immer wußte, daß das Hier nur ein kleiner Augenblick ist und daß das, was nachher kommt... Also... Das Schöne! Don Juan und Don Genaro liebten leidenschaftlich das Schöne.«
Die Wahrnehmung und die Auffassung Don Juans von der Wirklichkeit und der Zeit sind ganz anders als die unseren. Daß er auf der Ebene der Alltäg-

lichkeit immer unantastbar ist, hindert ihn nicht daran zu wissen, daß »auf dieser Seite« alles absolut vergänglich ist.
Castaneda beschrieb im folgenden ein Universum, das nach zwei Extremen hin polarisiert ist: nach der rechten und der linken Seite. Die rechte Seite entspricht dem *Tonal* und die linke dem *Nagual*.
In *Der Ring der Kraft* erklärt Don Juan Castaneda ausführlich diese beiden Hälften der »Blase der Wahrnehmung«. Er sagt ihm, daß »die Aufgabe des Lehrers darin besteht, die eine Hälfte der Blase reinzufegen und alles auf der anderen Hälfte neu zu ordnen« (S. 278). Und zuvor heißt es: »Dafür sorgt der Lehrer, indem er ihn [den Schüler] unnachsichtig bearbeitet, bis seine Ansicht der Welt sich insgesamt auf der einen Hälfte der Blase befindet. Die andere, die freigehaltene Hälfte der Blase kann dann von etwas beansprucht werden, das die Zauberer *Wille* nennen.« (S. 277f.)
Das alles ist schwer zu erklären, weil auf dieser Ebene die Wörter völlig unzulänglich sind. Genau gesagt, impliziert der linke Teil des Universums »das Fehlen von Wörtern«, und ohne Wörter können wir nicht denken. Dort haben nur Handlungen Platz. »In dieser anderen Welt«, sagte Castaneda, »wirkt der Körper. Der Körper braucht keine Wörter, um zu verstehen.«
In Don Juans *magischem* Universum, um es so zu nennen, gibt es gewisse Wesen, die »Verbündete« oder »flüchtige Schatten« genannt werden. Sie können unzählige Male eingefangen werden. Man

hat für diese Art des Einfangens eine ganze Anzahl von Erklärungen gesucht, aber laut Castaneda besteht kein Zweifel daran, daß diese Phänomene hauptsächlich mit der menschlichen Anatomie zusammenhängen. Das Wichtigste ist zu begreifen, daß es eine ganze Reihe von Erklärungen für diese »flüchtigen Schatten« gibt.
Ich fragte ihn daraufhin über dieses Wissen mit dem Körper aus, von dem er in seinen Büchern spricht. »Ist für Sie der ganze Körper ein Organ des Erkennens?«
»Selbstverständlich. Der Körper weiß«, antwortete er. Als Beispiel führte Castaneda die vielen Möglichkeiten jenes Teils des Beines an, der vom Knie bis zum Knöchel reicht und wo sich ein Zentrum des Gedächtnisses lokalisieren läßt. Es scheint, daß man lernen kann, den Körper zu gebrauchen, um diese »flüchtigen Schatten« einzufangen.
»Die Lehre Don Juans verwandelt den Körper in einen *electronic scanner*«, sagte er und suchte nach dem passenden spanischen Ausdruck, um den Körper mit einem elektronischen Abtastgerät zu vergleichen. Der Körper hat die Möglichkeit, die Wirklichkeit auf verschiedenen Ebenen wahrzunehmen, die ihrerseits verschiedene Gestaltungen der Materie enthüllen. Es war augenscheinlich, daß der Körper für Castaneda Möglichkeiten der Bewegung und der Wahrnehmung besitzt, die den meisten von uns ungeläufig sind. Er stand auf, deutete auf den Fuß und den Knöchel und sprach von

den Möglichkeiten dieser Teile des Körpers und davon, wie wenig wir von all dem wissen. »In der toltekischen Tradition«, sagte er, »lehrt man den Schüler, diese Möglichkeiten zu entwickeln. Auf dieser Ebene beginnt Don Juan *aufzubauen*.«
Während ich über diese Worte Castanedas nachdachte, fielen mir die Parallelen zum tantrischen Joga und den verschiedenen Zentren oder *chakras* ein, die der Ausübende durch bestimmte rituelle Praktiken weckt. In dem Buch *El círculo hermético* von Miguel Serrano liest man, daß die *chakras* »Bewußtseinszentren« sind. In demselben Buch berichtet Karl Jung Serrano von einem Gespräch, das er mit einem Häuptling der Pueblo-Indianer namens Ochwián Biano oder Bergsee hatte. »Er schilderte mir seinen Eindruck von den Weißen, die immer so ruhelos sind, immer etwas suchen, immer nach etwas streben... In den Augen Ochwián Bianos waren die Weißen verrückt, weil sie behaupteten, mit dem Kopf zu denken, und das tun nur Verrückte. Diese Behauptung des Indianerhäuptlings überraschte mich sehr, und ich fragte ihn, womit er denke. Er antwortete mir, mit dem Herzen.«[7]
Der Weg des Kriegers zur Erkenntnis ist lang und erfordert völlige Hingabe. Alle haben ein konkretes Ziel und einen sehr reinen Beweggrund.
»Was für ein Ziel ist das?« fragten wir.

---

7 Miguel Serrano, *El círculo hermético*, Kier, Buenos Aires 1978, S. 89.

Es scheint, daß das Ziel darin besteht, bewußt über den linken Teil des Universums auf die andere Seite hinüberzugehen. »Man muß versuchen, sich dem Adler so weit wie möglich zu nähern, und dann entkommen, ohne daß er einen verschlingt.
Das Ziel«, sagte er, »ist, ›auf Zehenspitzen‹ an der linken Seite des Adlers vorbeizukommen.
Ich weiß nicht, ob Sie wissen«, fuhr er fort in dem Versuch, uns das Bild zu erklären, »daß es ein Wesen gibt, das die Tolteken den *Adler* nennen. Der Seher sieht ihn als riesige Schwärze, die sich ins Unendliche erstreckt; es ist eine ungeheure Schwärze, durch die ein Blitz zuckt. Deshalb nennt man sie Adler, denn sie hat schwarze Schwingen und Flanken und eine leuchtende Brust.
Das Auge dieses Wesens ist kein Menschenauge. Der Adler kennt kein Erbarmen. Alles, was lebt, ist im Adler dargestellt. Dieses Wesen schließt alles ein – die Schönheit, die der Mensch zu schaffen imstande ist, ebenso wie die ganze Bestialität, die nicht der Mensch im eigentlichen Sinne ist. Was am Adler eigentlich menschlich ist, ist unermeßlich klein im Vergleich mit allem Übrigen. Der Adler ist zuviel Masse, Riesengestalt, Schwärze... gegenüber dem Wenigen, was dem Menschen eigen ist.
Der Adler zieht jede lebendige Kraft an, die bereit ist zu verlöschen, denn er nährt sich von dieser Energie. Der Adler ist wie ein ungeheurer Magnet, der all die Lichtbündel sammelt, welche die Lebensenergie dessen sind, der stirbt.«

Während uns Castaneda all das sagte, formten seine Hände und hammerartigen Finger den Kopf eines Adlers nach, der mit unersättlichem Appetit den Raum aufpickt.
»Ich sage Ihnen nur, was Don Juan und die anderen sagen. Sie sind alle Zauberer und Hexen!« rief er. »Alle sind sie in eine Metapher eingehüllt, die für mich unverständlich ist.
Wer ist ›der Herr‹ des Menschen? Was ist das, was uns für sich fordert?« fragte er sich. Wir hörten aufmerksam zu und ließen ihn sprechen, denn er hatte ein Gebiet betreten, in dem Fragen nicht mehr am Platz waren.
»Unser Herr kann kein Mensch sein«, sagte er. Es scheint, daß die Tolteken die ›Gestalt des Menschen‹ den ›Herrn‹ nennen. Alle Dinge – Pflanzen, Tiere und Menschen – haben eine ›Gestalt‹. Die ›Gestalt des Menschen‹ ist dieselbe für alle Menschen. »Meine Gestalt und die Ihre«, erklärte er, »ist dieselbe, aber in jedem manifestiert sie sich und wirkt sie auf andere Weise – je nach der Entfaltung der Person.«
Von den Worten Castanedas ausgehend, gelangten wir zu der Deutung, daß die »menschliche Gestalt« das ist, was uns vereint, was die Lebenskraft zusammenhält. Die »menschliche Form« dagegen ist das, was uns daran hindert, die Gestalt zu sehen. Es scheint, daß wir, solange wir die »menschliche Form« nicht verlieren, nur imstande sind, die Reflexe dieser Form in allem zu sehen, was wir wahrnehmen. Diese »menschliche Form« sehen wir

nicht, weil wir sie in unserem Körper fühlen. Diese »Form« macht uns zu dem, was wir sind, und hindert uns daran, uns zu ändern.

In *Der zweite Ring der Kraft* belehrt la Gorda Castaneda über die »menschliche Gestalt« und die »menschliche Form«. In diesem Buch wird die »Gestalt« als eine leuchtende Wesenheit beschrieben, und Castaneda erinnert sich, daß sie Don Juan als »die Quelle, den eigentlichen Ursprung des Menschen« beschrieb (S. 147). »La Gorda denkt an Don Juan und erinnert sich, daß dieser ihr sagte, ›wenn wir genug persönliche Kraft haben, [können wir] eine Ahnung von der menschlichen Gestalt erhaschen, auch wenn wir keine Zauberer sind; wenn dies geschieht, dann sagen wir, wir haben Gott gesehen. Wenn wir es Gott nennen, sagte er, so ist dies die Wahrheit: *die Gestalt ist Gott.*‹« (S. 148).[8]

Mehrere Male kamen wir an diesem Nachmittag noch auf das Thema der »menschlichen Form« und der »Gestalt« des Menschen zurück. Während wir dieses Thema einkreisten und unter verschiedenen Blickwinkeln betrachteten, zeigte sich immer deutlicher, daß die »menschliche Form« die harte Schale des Persönlichen ist. »Diese menschliche Form«, sagte Castaneda, »ist wie ein Tuch, das einen von den Achseln bis zu den Füßen bedeckt. Hinter diesem Tuch brennt eine Kerze, die sich verzehrt, bis sie erlischt. Wenn die Kerze aus-

---

8 Kursivschreibung durch die Autorin

geht, heißt das, daß man gestorben ist. Dann kommt der Adler und verschlingt einen.
Seher sind jene Wesen, die imstande sind, den Menschen als ein leuchtendes Ei zu sehen. Innerhalb dieser Lichtsphäre befindet sich die brennende Kerze. Wenn der Seher erkennt, daß die Kerze sehr klein ist, so bedeutet das, daß diese Person, so kräftig sie auch noch erscheinen mag, schon am Ende angelangt ist.«
Castaneda hatte uns zuvor schon gesagt, daß die Tolteken nie sterben, weil Tolteke sein soviel bedeutet wie die menschliche Form verloren haben. Erst in diesem Augenblick verstanden wir das: wenn der Tolteke die menschliche Form verloren hat, gibt es nichts, was *der Adler* verschlingen kann. Wir zweifelten auch nicht mehr daran, daß sich die Begriffe »Herr« des Menschen und »Gestalt« des Menschen ebenso wie das Bild des *Adlers* auf ein und dieselbe Wesenheit bezogen oder doch eng miteinander verbunden waren.
Einige Stunden später, als wir in einer Cafeteria an der Ecke des »Boulevard Westwood« und einer anderen Straße, deren Namen mir entfallen ist, vor einigen »Hamburgers« saßen, berichtete uns Castaneda, wie er den Verlust der menschlichen »Form« erlebte. Nach dem, was er uns sagte, war sein Erlebnis nicht so stark wie das der Gorda[9], die

---

9 In *Der zweite Ring der Kraft* berichtet la Gorda Castaneda, daß sie, als sie die »menschliche Form« verlor, ein Auge zu sehen begann, das immer vor ihr war. Dieses Auge begleitete sie ständig und

Symptome wie bei einem Herzanfall zeigte. »In meinem Fall«, sagte Castaneda, »trat ein einfaches Phänomen der Hyperventilation auf. Ich spürte in diesem gewissen Augenblick einen starken Druck: ein Energiestrom drang durch den Kopf ein, fuhr mir durch die Brust und den Magen und setzte sich in die Beine fort, bis er durch den linken Fuß verschwand. Das war alles.
Um sicherzugehen, suchte ich einen Arzt auf, aber er fand nichts. Er schlug mir nur vor, in eine Papiertüte zu atmen, um die Sauerstoffmenge zu reduzieren und damit das Phänomen der Hyperventilation zu bekämpfen.«
Den Tolteken zufolge muß man dem Adler auf irgendeine Weise zurückgeben oder zahlen, was ihm zusteht. Castaneda sagte uns schon, daß der *Herr* des Menschen der Adler ist und daß der Adler alle Vornehmheit und Schönheit ebenso wie aller Schrecken und aller Grausamkeit ist, die man in allem findet, was existiert. Warum ist der Adler der Herr des Menschen? »Der Adler ist der Herr des Menschen, weil er sich von der Lebensflamme, der Lebensenergie nährt, die von allem ausstrahlt, was ist.« Und während Castaneda noch einmal mit seinen Händen Kopf und Schnabel des Adlers nachahmte, fuhr er mit dem Arm durch den Raum,

---

brachte sie beinahe um den Verstand. Allmählich gewöhnte sie sich daran, und das Auge wurde ein Teil von ihr. »Eines Tages, wenn ich wirklich formlos sein werde, werde ich das Auge nicht mehr sehen. Das Auge wird sein wie ich...« (S. 151).

teilte Schnabelhiebe aus und sagte: »So! So! Alles verschlingt er.«
Dann sagte er: »Die einzige Möglichkeit, der Gefräßigkeit des Adlers zu entkommen, ist, auf Zehenspitzen davonzugehen und den Atem anzuhalten...«
Wenn jemand für den letzten Tag bereit ist, bringt man dem Adler eine Opfergabe dar. »Eine Opfergabe«, wiederholte Castaneda, »die gewissermaßen so ist, als böte man sich selbst dar. Man gibt dem Adler ein Äquivalent von sich selbst. Diese Opfergabe nennt man die *persönliche Rekapitulation*. Don Juan sagte mir, daß der Tod mit dieser persönlichen Rekapitulation beginnt. Das heißt, daß erst dann, wenn der Tod unabweisbar und unausweichlich ist, die Aktion beginnt.«
»Wie geht das vor sich? Wie macht man die persönliche Rekapitulation?« wollten wir wissen.
»Zuerst muß man eine Liste aller Personen aufstellen, die man im Laufe des Lebens gekannt hat«, antwortete er. »Eine Liste all jener, die uns auf die eine oder andere Weise gezwungen haben, das *Ich* (dieses Zentrum des persönlichen Stolzes, das sich als Ungeheuer mit 3000 Köpfen entpuppt) auf den Tisch zu legen. Wir müssen alle jene zurückbringen, die mit dazu beigetragen haben, daß wir uns auf das Spiel ›man liebt mich oder man liebt mich nicht‹ einließen. Ein Spiel, das nichts anderes bedeutet, als daß wir in uns selbst zurückgezogen leben... und unsere Wunden lecken!
Die Rekapitulation muß vollständig sein, sie geht

von Z bis A, nach rückwärts. Man beginnt im gegenwärtigen Augenblick und geht zurück in die frühe Kindheit, als man zwei oder drei Jahre alt war oder noch jünger, wenn das möglich wäre.«
Von der Geburt an wird alles in unserem Körper eingeprägt. Die Rekapitulation ist und verlangt ein großes Gedächtnistraining.
Gut, wie macht man also diese »Rekapitulation«?
»Man holt sorgfältig die Bilder herbei und betrachtet sie vor einem. Dann bläst man mit einer Kopfbewegung von rechts nach links jedes der Bilder fort, so als fegte man sie aus dem Gesichtsfeld weg... Der Atem ist magisch«, fügte er hinzu.
Mit dem Abschluß der Rekapitulation hören auch alle Tricks, Spiele und Selbsttäuschungen auf. Es scheint, daß wir zuletzt alle unsere Tricks kennen und es keine Möglichkeit mehr gibt, das *Ich* auf den Tisch zu legen, ohne daß uns sofort bewußt wird, was wir damit vortäuschen. »Mit der persönlichen Rekapitulation macht man sich frei von allem. Dann bleibt nur noch die Aufgabe, *die Aufgabe* in all ihrer Einfachheit, Reinheit und Härte.
Die Rekapitulation ist allen Menschen möglich, aber man muß einen unbeugsamen Willen haben. Wer zögert oder schwankt, ist verloren, denn der Adler verschlingt ihn. In diesem Bereich ist für den Zweifel kein Platz.[10]

---

10 Im ersten Buch, *Die Lehren des Don Juan*, sagte dieser zu Castaneda: »Das Besondere zu lernen, bedeutet, wie man den Riß zwischen den Welten erreicht und wie man die andere Welt betritt... Es gibt einen Ort, wo sich die beiden Welten überschneiden. Dort ist

Ich weiß nicht, wie ich all das erklären soll, aber bei der Erfüllung der Aufgabe und der Hingabe an sie muß man einem Zwang gehorchen, ohne ihm wirklich zu gehorchen, denn der Tolteke ist ein freier Mensch. Die Aufgabe verlangt alles von einem und dennoch ist man frei. Verstehen Sie? Wenn das schwer zu begreifen ist, so kommt das daher, daß es sich im Grunde um ein Paradoxon handelt.

Doch diese Rekapitulation«, fügte Castaneda mit veränderter Stimme und Haltung hinzu, »muß eine gewisse ›Würze‹ haben. Das typische Merkmal Don Juans und seiner ›Kumpane‹ ist, daß sie leicht sind. Don Juan heilte mich von meiner Schwere. Er ist nicht feierlich, er hat nichts Zeremonielles an sich.«

In dem Ernst der Aufgabe, die sie alle erfüllen, ist immer Platz für den Humor.

Um auf konkrete Weise zu demonstrieren, wie ihn Don Juan unterrichtete, erzählte uns Castaneda eine sehr interessante Episode. Er rauchte früher viel, und Don Juan beschloß, ihn zu kurieren.

»Ich rauchte an die drei Päckchen pro Tag, eine nach der anderen! Ich ließ sie nie ausgehen. Sie sehen, daß ich jetzt keine Taschen habe«, sagte er

---

der Riß. Er öffnet und schließt sich wie eine Tür im Wind. Um dorthin zu gelangen, muß ein Mensch seinen Willen üben. Ich würde sagen, er muß ein unbezähmbares Verlangen danach entwickeln – eine zielstrebige Hingabe. Aber er muß es ohne die Hilfe irgendeiner Macht oder irgendeines Menschen tun.« (S. 151.)

und zeigte auf seine Jacke, die tatsächlich keine hatte. »Ich habe damals die Taschen abgetrennt, um dem Körper die Möglichkeit zu nehmen, etwas an der linken Seite zu spüren und durch dieses Etwas an die frühere Gewohnheit erinnert zu werden. Als ich die Tasche abschaffte, schaffte ich auch die physische Gewohnheit ab, mit der Hand in die Tasche zu greifen.

Eines Tages sagte Don Juan zu mir, wir wollten einige Tage durch die Berge von Chihuahua wandern. Ich erinnere mich, daß er mir ausdrücklich sagte, ich solle nicht vergessen, mir Zigaretten mitzunehmen. Er empfahl mir auch einen Vorrat von zwei Päckchen pro Tag, nicht mehr. Ich kaufte also die Zigaretten, aber statt zwanzig Päckchen nahm ich vierzig. Ich machte einige hübsche kleine Pakete, die ich in Silberpapier einwickelte, um den Inhalt vor den Tieren und dem Regen zu schützen.

Gut ausgerüstet und mit dem Rucksack auf dem Rücken folgte ich Don Juan durch die Berge. Da ging ich nun, zündete mir eine Zigarette nach der andern an und versuchte, Luft zu bekommen! Don Juan hatte gewaltige Kräfte. Mit großer Geduld wartete er immer wieder auf mich und sah zu, wie ich rauchte und durch die Berge keuchte. Ich hätte jetzt nicht die Geduld, die er mit mir hatte!

Endlich kamen wir auf ein ziemlich hohes, von Felsen und steilen Hängen umgebenes Plateau. Dort forderte Don Juan mich auf, zu versuchen zu-

rückzukehren oder hinunterzusteigen. Lange probierte ich es auf der einen und der anderen Seite, bis ich schließlich meine Absicht aufgeben mußte. Ich schaffte es nicht.
Wir gingen so mehrere Tage weiter, bis ich eines Morgens aufwachte und als erstes meine Zigaretten suchte. Wo sind meine hübschen Päckchen? Ich suche und suche und finde sie nicht. Als Don Juan aufwacht, will er wissen, was ich denn habe. Ich erkläre ihm, was geschehen ist, und er sagt: ›Mach dir keine Sorgen. Sicherlich ist ein Kojote da gewesen und hat sie mitgenommen, aber sehr weit können sie nicht sein. Hier! Schau! Das sind Kojotenfährten!‹
Diesen ganzen Tag folgten wir auf der Suche nach den Päckchen den Kojotenspuren. Nach langer Suche sagte Don Juan wieder, ich könne unbesorgt sein, denn ›gleich dort hinter dem Hügel liegt ein Dorf. Da kannst du so viele Zigaretten kaufen, wie du willst.‹
Wir suchten weiter und weiter – diesmal natürlich das Dorf. Wo ist das Dorf? Keine Spur davon. Plötzlich setzte sich Don Juan auf den Boden, spielte den müden alten Mann und begann zu jammern: ›Diesmal bin ich verloren... Ich bin alt... Ich kann nicht mehr...‹ Während er das sagte, raufte er sich die Haare und machte ein großes Getue.«
Castaneda erzählte uns diese ganze Geschichte und ahmte dabei die Gebärden und den Tonfall Don Juans nach. Es war ein richtiges Schauspiel. Später

sagte uns Castaneda selbst, daß Don Juan oft auf seine schauspielerische Begabung anspielte.
»Über all dem müssen, glaube ich, zehn oder zwölf Tage vergangen sein«, erzählte Castaneda weiter. »Ich war gar nicht mehr so scharf darauf zu rauchen. Es war, als hätte man mir die Lust zu rauchen genommen. Wenn man uns nur nicht für Dämonen hielt, die durch die Berge rannten!
Als es Zeit war umzukehren, kannte sich Don Juan, wie Sie sich vorstellen können, mit einemmal sehr gut aus. Wir stiegen geradewegs zum Dorf hinunter. Der Unterschied war nur, daß ich es nicht mehr nötig hatte, mir Zigaretten zu kaufen. Seit dieser Episode«, sagte er wehmütig, »sind etwa fünfzehn Jahre vergangen.«
Dann erklärte er: »Die Regel des Nicht-Tuns ist das genaue Gegenteil der Routine oder der Routinen, die wir gewohnt sind. Gewohnheiten wie, zum Beispiel, das Zigarettenrauchen halten uns gefangen und fesseln uns. Im Nicht-Tun dagegen sind alle Wege offen.«
Castaneda gab uns zu verstehen, daß Don Juan alle sehr gut kannte. Er kannte ihre Gewohnheiten und Schwächen und trieb sie ihnen nacheinander aus. Don Juan und Don Genaro, »diese beiden Kumpane«, wie Castaneda sagte, verstanden es, jeden von der richtigen Seite zu nehmen und ihn so auf den Weg der Erkenntnis zu führen.

## Die linke Seite des Adlers

Eine Weile herrschte Schweigen. Ich brach es schließlich, um ihn nach Doña Soledad zu fragen. Ich sagte, daß sie mir als eine groteske Figur, genaugenommen als eine Hexe erschienen war.
»Doña Soledad ist Indianerin«, antwortete er. »Die Geschichte ihrer Verwandlung ist etwas Unglaubliches. Sie bot für ihre Verwandlung soviel Willenskraft auf, daß sie ihr schließlich gelang. Bei dieser Anstrengung entwickelte sie ihren Willen bis zu einem solchen Extrem, daß sie auch zu viel persönlichen Stolz entwickelte. Eben deshalb glaube ich nicht, daß sie auf Zehenspitzen an der linken Seite des Adlers vorbeigehen kann. Jedenfalls ist es phantastisch, was sie aus sich selbst zu machen imstande war. Ich weiß nicht, ob Sie sich erinnern, wer sie war... Sie war die ›Manuelita‹, die *mamacita* Pablitos. Immer gewaschen, geschniegelt und geputzt... Immer hatte sie ein ›Häppchen‹ für den einen oder anderen.«
Während er dies erzählte, ahmte Castaneda in Gesten und Bewegungen eine sehr arme alte Frau nach. »Man muß sie jetzt sehen«, fuhr er fort. »Doña Soledad ist eine starke junge Frau. Jetzt muß man sie fürchten!
Die Rekapitulation kostete Doña Soledad sieben Jahre ihres Lebens. Sie verkroch sich in eine Höhle und kam nicht mehr hervor. Sie blieb darin, bis sie mit allem fertig war. Sieben Jahre lang tat sie nichts anderes. Obwohl sie nicht am Adler vorbeigehen

kann«, sagte Castaneda voll Bewunderung, »wird sie nie mehr die arme Alte von früher sein.«
Nach einer Pause erinnerte uns Castaneda daran, daß Don Juan und Don Genaro nicht mehr bei ihnen waren.
»Jetzt ist alles anders«, sagte er wehmütig. »Don Juan und Don Genaro sind nicht da. Die toltekische Señora ist bei uns. Sie verlangt von uns *Aufgaben*. La Gorda und ich führen unsere Aufgabe gemeinsam aus. Auch die anderen haben ihre Aufgaben, andere Aufgaben an ganz anderen Orten.
Don Juan sagt, die Frauen haben mehr Talent als die Männer. Die Frauen sind aufnahmefähiger. Im Leben verbrauchen und erschöpfen sie sich weniger als die Männer.
Deshalb hat mich Don Juan jetzt den Händen einer Frau überlassen. Er hat mich den Händen der anderen Seite der Einheit Mann-Frau überlassen. Mehr noch, er hat mich den Händen der Frauen überlassen, nämlich den Schwesterchen und la Gorda.«
Die Frau, die ihn jetzt unterweist, hat keinen Namen.[11] Sie ist einfach die toltekische Frau.
»Jetzt unterrichtet mich die toltekische Señora. Sie ist für alles verantwortlich. Alle anderen, la Gorda und ich sind *nichts*.«

---

11 Einige Monate später rief mich la Gorda (María Elena) an, um mir etwas von Carlos Castaneda auszurichten. Im Laufe dieses Gesprächs sagte sie mir, daß die toltekische Señora Doña Florinda hieß und daß sie eine sehr elegante, lebhafte und unruhige Person war. Sie mußte an die 50 Jahre alt sein.

Wir fragten, ob sie wisse, daß er sich mit uns treffen wollte, und ob sie seine anderen Pläne kannte.
»Die toltekische Señora weiß alles. Sie hat mich nach Los Angeles geschickt, damit ich mit Ihnen spreche«, antwortete er, an mich gewandt. »Sie kennt meine Pläne und weiß, daß ich nach New York gehe.«
Wir wollten auch wissen, wie sie ist. »Ist sie jung? Ist sie alt?« fragten wir.
»Die toltekische Señora ist eine sehr starke Frau. Ihre Muskeln bewegen sich auf eine sehr eigentümliche Weise. Sie ist alt, aber eine von diesen Alten, die vor Make-up glänzen.«
Es war schwer zu beschreiben, wie sie war. Castaneda suchte einen Bezugspunkt und erinnerte uns an den Film *Giganten*.
»Erinnern Sie sich noch an diesen Film, in dem James Dean und Elizabeth Taylor spielten?« fragte er. »E. Taylor stellte eine reife Frau dar, obwohl sie in Wirklichkeit noch sehr jung war. Denselben Eindruck macht auf mich die toltekische Frau: ein Gesicht mit der Schminke einer alten Frau über einem noch jungen Körper. Ich würde auch sagen, sie spielt die Alte.
Kennen Sie den *National Inquirer*?« fuhr er beiläufig fort. »Ein Freund von mir hier in Los Angeles hebt mir die Nummern auf, und jedesmal wenn ich komme, lese ich sie. Sie sind das einzige, was ich hier lese... In ebendieser Zeitung sah ich unlängst einige Fotos von Elizabeth Taylor. Sie ist wirklich großartig!«

Dieser Kommentar faßte in gewisser Weise sein Urteil über die ungeheure Nachrichtenproduktion zusammen, die unsere Epoche kennzeichnet. Er schließt aber auch ein Urteil in bezug auf den Wert der ganzen westlichen Kultur ein. Alles befindet sich auf dem Niveau des *National Inquirer*, eines Sensationsblattes.

Nichts, was Castaneda an diesem Nachmittag sagte, war zufällig. Die verschiedenen Informationen, die er lieferte, zielten darauf ab, einen bestimmten Eindruck auf uns zu machen. Diese Absicht Castanedas hatte nichts Zweideutiges an sich; im Gegenteil, er war daran interessiert, uns die grundsätzliche Wahrheit der Lehre zu vermitteln, der sie sich gewidmet haben.


Die Freiheit, makellos zu sein

Wir sprachen weiter über die toltekische Señora, und Castaneda sagte uns, daß sie bald gehen werde. »Sie hat uns gesagt, daß an ihrer Stelle zwei andere Señoras kommen werden. Die toltekische Frau ist sehr streng. Ihre Forderungen sind schrecklich![12] Aber wenn die toltekische Frau wild

---

12 Am Telefon sagte mir la Gorda auch, daß die toltekische Señora sehr »wild« sei und daß es, obwohl sie sie (la Gorda) mehr liebt als Castaneda, nicht schlecht wäre, wenn sie sie noch ein wenig mehr liebte. »Wir haben blaue Flecken am ganzen Körper von den Schlägen, die sie uns gibt«, sagte sie.

ist, so scheint es, daß die beiden, die kommen sollen, noch viel schlimmer sind. Mag sein, daß sie noch nicht fortgeht! Man kann nicht aufhören zu lieben, und ebensowenig kann man verhindern, daß sich der Körper beklagt und die Härte des Unternehmens fürchtet... Trotzdem, es gibt keine Möglichkeit, das Schicksal zu ändern. Ich werde mich also dort festhalten!
Ich habe keine andere Freiheit als die, makellos zu sein, denn nur wenn ich makellos bin, ändere ich mein Schicksal, das heißt, ich gehe auf Zehenspitzen an der linken Seite des Adlers vorbei. Wenn ich nicht makellos bin, ändere ich mein Schicksal nicht, und der Adler verschlingt mich.
Der Nagual Juan Matos ist ein freier Mann. Er ist frei, indem er sein Schicksal erfüllt. Verstehen Sie mich?« fragte er besorgt. »Ich weiß nicht, ob Sie verstehen, was ich sagen will.«
»Selbstverständlich verstehen wir Sie!« antworteten wir mit Nachdruck. »In diesen letzten wie in vielen anderen Dingen, die Sie uns bis jetzt berichtet haben, finden wir eine große Ähnlichkeit mit dem, was wir täglich fühlen und erleben.«
»Don Juan ist ein freier Mann«, sprach er weiter. »Er sucht die Freiheit; sein Geist sucht sie. Don Juan ist frei von diesem grundlegenden Vorurteil, dem auf der Wahrnehmung beruhenden Vorurteil, das uns die Wirklichkeit nicht sehen läßt.«
Das Wichtigste von all dem, wovon wir gerade gesprochen hatten, war die Möglichkeit, den Kreis der routinemäßigen Gewohnheiten zu zerstören.

Don Juan ließ ihn viele Übungen machen, damit er sich seiner Gewohnheiten bewußt wurde. Zu ihnen gehörten das »Gehen im Dunkeln« und der »Marsch der Macht«.
Wie durchbricht man diesen Kreis der Routine? Wie entgeht man dem Wahrnehmungsbogen, der uns an diese gewöhnliche Anschauung von der Wirklichkeit bindet? Diese gewöhnliche Betrachtungsweise, zu deren Fixierung unsere routinemäßigen Gewohnheiten beitragen, ist ebendas, was Castaneda »die Aufmerksamkeit des Tonal« oder »den ersten Ring der Aufmerksamkeit« nennt.
»Diesen Wahrnehmungsbogen zu zerbrechen, ist keine leichte Aufgabe; es kann Jahre dauern. Bei mir gab es Schwierigkeiten, weil ich sehr starrsinnig bin«, versicherte er lachend. »Ich machte alles wider Willen. Deshalb mußte Don Juan in meinem Fall auch Drogen anwenden. Und so bin ich das geworden, was ich bin... Die Leber ist beim Teufel! Durch das Nicht-Tun gelingt es, sich der Routine zu entledigen und Bewußtheit zu gewinnen«, erklärte Castaneda. Bei diesen Worten stand er auf und begann, rückwärts zu gehen, wobei er sich an eine Technik erinnerte, die ihn Don Juan gelehrt hatte: nämlich mit Hilfe eines Spiegels rückwärts zu gehen. Castaneda berichtete uns, daß er sich, um sich die Aufgabe zu erleichtern, eine Vorrichtung aus Metall ausgedacht hatte (einen Reif, der wie eine Krone auf dem Kopf saß). Daran befestigte er den Spiegel. So konnte er die Übung ausführen und hatte dabei die Hände frei. Andere Beispiele für

die Techniken des Nicht-Tuns waren: den Gürtel verkehrt herum anlegen und die Schuhe an den Füßen vertauschen. Alle diese Techniken verfolgen das Ziel, einem bewußt zu machen, was man jeden Augenblick tut. »Die Routine zerstören«, sagte er, »ist die Möglichkeit, die wir haben, um dem Körper neue Empfindungen zu vermitteln. Der Körper weiß...«
Danach schilderte uns Castaneda einige der Spiele, die die jungen Tolteken stundenlang treiben. »Es sind Spiele des Nicht-Tuns«, erklärte er. »Spiele, die keine festen Regeln haben; diese entstehen erst aus dem Spiel heraus.«
Es scheint, daß dadurch, daß es keine festen Regeln gibt, das Verhalten der Spieler nicht voraussehbar ist und daher alle sehr aufmerksam sein müssen. »Eines dieser Spiele«, erklärte Castaneda weiter, »besteht darin, dem Gegner falsche Zeichen zu geben. Es ist ein Spiel, bei dem gezogen werden muß.«
So, wie er es uns beschrieb, nehmen daran drei Personen teil, und man braucht zwei Pfähle und ein Seil. Das Seil wird um den Leib eines der Spieler geschlungen, den man zwischen den Pfählen aufhängt. Die beiden anderen Spieler müssen an den Enden des Seils ziehen und versuchen, sich gegenseitig zu täuschen, indem sie einander falsche Zeichen geben. Beide müssen sehr aufmerksam sein, damit, wenn der eine zieht, auch der andere zieht und der aufgehängte Spieler nicht gedreht wird.
Die Techniken und Spiele des Nicht-Tuns entwik-

keln die Aufmerksamkeit. Man kann sagen, daß sie Konzentrationsübungen sind, denn sie zwingen die Ausübenden, sich dessen, was sie tun, voll bewußt zu sein. Castaneda bemerkte, das Greisenalter bestehe darin, daß man in den vollkommenen Kreis der routinemäßigen Gewohnheiten eingeschlossen ist.


Der Weg der Eigenliebe

»Die toltekische Señora wendet die Lehrmethode an, uns in bestimmte Situationen zu bringen. Ich glaube, es ist die beste Methode, denn in diesen Situationen entdecken wir, daß wir nichts sind. Der andere Weg ist der der Eigenliebe und des persönlichen Stolzes. Auf diesem Weg verwandeln wir uns in Detektive, die immer auf das achten, was ihnen geschehen, was sie kränken kann. In Detektive? Ja! Wir suchen Beweise dafür, daß man uns liebt oder nicht liebt. So sehr auf unser Ich konzentriert, tun wir nichts anderes, als daß wir es stärken. Der toltekischen Frau zufolge ist es das beste, davon auszugehen, daß uns niemand liebt.«
Castaneda sagte uns, daß der persönliche Stolz für Don Juan einem Ungeheuer mit 3000 Köpfen gleicht. »Man schlägt Köpfe ab, aber immer wieder erheben sich neue... Man kennt alle Tricks!« rief er. »Mit diesen Tricks täuschen wir uns selbst und glauben, daß wir jemand sind.«

Ich erinnerte ihn daraufhin an das Bild der Jagd auf die Schwächen, »wie man die Kaninchen aus einer Falle einsammelt«, das in seinem Buch erscheint.
»Ja«, antwortete er, »man muß ständig auf der Lauer sein.«
Castaneda begann, uns die Geschichte der letzten Jahre zu erzählen.
»Eine der vielen Aufgaben war die eines Kochs in diesen Imbißlokalen an den Landstraßen. La Gorda begleitete mich dieses Jahr als Serviererin. Mehr als ein Jahr zogen wir so herum als Joe Cordoba und seine Frau!
Mein vollständiger Name war José Luis Córdoba, zu dienen«, sagte er mit einer tiefen Verbeugung. »Aber alle kannten mich als Joe Cordoba.«
Castaneda sagte uns weder den Namen noch die Lage der Stadt, in der sie lebten. Möglicherweise waren sie an verschiedenen Orten. Es scheint, daß anfangs er, la Gorda und die toltekische Señora beisammen waren, die sie eine Zeitlang begleitete. Als erstes ging es darum, eine Wohnung und Arbeit für Joe Cordoba, seine Frau und seine Schwiegermutter zu finden. »So stellten wir uns vor«, erklärte Castaneda. »Sonst hätten es die Leute nicht verstanden.«
Lange suchten sie Arbeit, bis sie sie endlich in einer Imbißstube an einer Landstraße fanden. »In diesen Lokalen fängt man morgens sehr früh an. Um fünf Uhr muß man schon an der Arbeit sein.«
Castaneda erzählte uns lachend, daß man in diesen Lokalen als erstes gefragt wird: »Können Sie Eier

machen?« Was sollte das heißen – Eier machen? Er blieb anscheinend lange genug, um zu verstehen, was man meinte, nämlich die verschiedenen Arten, Eier für das Frühstück zuzubereiten. In den Restaurants oder Imbißlokalen für Fernfahrer ist es sehr wichtig, »Eier zu machen«.

Ein Jahr lang arbeiteten sie so. »Dann konnte ich aber auch wirklich Eier machen«, versicherte er lachend. »Alles, was Sie nur wollen.« Auch la Gorda arbeitete fleißig. Sie war eine so gute Serviererin, daß sie zuletzt alle anderen Mädchen beaufsichtigte. Nach einem Jahr, als die toltekische Señora sagte, »nun ist es genug, wir beenden diese Aufgabe«, wollte der Besitzer des Lokals sie nicht gehen lassen. »Die Wahrheit ist, daß wir dort sehr hart arbeiteten. Sehr hart! Von morgens bis abends.«

Während dieses Jahres hatten sie eine bedeutsame Begegnung. Es ging um ein Mädchen namens Terry, das in ihre Imbißstube kam und um Arbeit als Serviererin bat. Mittlerweile hatte Joe Cordoba das Vertrauen des Besitzers des Lokals gewonnen, und er hatte das gesamte Personal einzustellen und zu beaufsichtigen. Terry sagte ihnen, sie suche Carlos Castaneda. Woher konnte sie wissen, daß er dort war? Castaneda wußte es nicht.

»Diese Terry«, fuhr Castaneda traurig fort und gab uns zu verstehen, daß sie schmutzig und unordentlich war, »ist eine dieser Hippies, die Rauschgift nehmen... Ein schreckliches Leben. Die Ärmste!«

Später sagte uns Castaneda, daß – obwohl er Terry nie sagen konnte, wer er war – Joe Cordoba und seine Frau ihr in den Monaten, die sie bei ihnen verbrachte, sehr halfen. Er erzählte uns, daß sie eines Tages sehr aufgeregt von der Straße hereinkam und sagte, sie habe soeben Castaneda in einem Cadillac gesehen, der vor dem Lokal stand. »›Er ist da!‹ rief sie. ›Er sitzt im Wagen und schreibt.‹ – ›Bist du sicher, daß es Castaneda ist? Wie kannst du das so genau wissen?‹ fragte ich sie. Aber sie blieb dabei. ›Er ist es, ich bin ganz sicher...‹ Da schlug ich ihr vor, zum Wagen hinauszugehen und ihn zu fragen. Man mußte ihr diesen ungeheuren Zweifel nehmen. ›Geh! Geh!‹ drängte ich. Sie brachte es nicht über sich, mit ihm zu sprechen, denn sie sagte, sie sei sehr dick und sehr häßlich. Ich machte ihr Mut: ›Aber nein, du siehst hübsch aus. Geh!‹ Endlich ging sie hinaus, kam aber gleich tränenüberströmt wieder zurück.« Anscheinend hatte der Mann im Cadillac sie nicht einmal angesehen und mit den Worten, sie solle ihn nicht belästigen, davongejagt. »Sie können sich vorstellen, daß wir sie trösten mußten«, sagte Castaneda. »Sie tat mir so leid, daß ich ihr beinahe verraten hätte, wer ich bin. La Gorda ließ es nicht zu; sie beschützte mich.« In Wirklichkeit konnte er nichts sagen, weil er eine Aufgabe ausführte, bei der er Joe Cordoba und nicht Carlos Castaneda war. Er konnte nicht ungehorsam sein.

Nach Castanedas Worten war Terry keine gute Serviererin, als sie kam. Aber im Laufe der Monate machten sie eine gute, saubere und sorgfältige Arbeiterin aus ihr. »La Gorda gab Terry viele Ratschläge. Wir achteten sehr auf sie... Sie hatte nie eine Ahnung, mit wem sie die ganze Zeit zusammen war.«

In den letzten Jahren haben sie Zeiten großer Entbehrungen durchgemacht, in denen man sie schlecht behandelte und beleidigte. Mehr als einmal war er nahe daran zu verraten, wer er war, aber... »Wer hätte mir geglaubt!« sagte er. »Außerdem trifft die toltekische Frau die Entscheidungen.

Damals, in dem Jahr, gab es Augenblicke, in denen wir nur noch das Allernötigste hatten: wir schliefen auf dem Fußboden und aßen nur eine Speise.«

Als wir das hörten, baten wir ihn, uns ihre Art zu essen zu erklären. Castaneda sagte uns, daß die Tolteken zu einer Mahlzeit immer nur eine Art von Nahrung zu sich nehmen, dafür aber öfter essen. »Die Tolteken essen den ganzen Tag«, bemerkte er beiläufig.[13]

Laut Castaneda ist die Mischung von Nahrungsmitteln – indem man beispielsweise Fleisch mit Kartoffeln und Gemüse ißt – sehr schlecht für die Gesundheit. »Diese Mischkost ist etwas sehr Neues in der

---

[13] In dieser Feststellung Castanedas kann man den Wunsch erkennen, das Bild zu korrigieren, das die Leute von den Hexenmeistern oder Zauberern haben – Wesen mit besonderen Kräften, die nicht dieselben Bedürfnisse kennen wie die anderen Sterblichen. Indem er sagte, daß sie »den ganzen Tag essen«, brachte sie Castaneda mit allen übrigen Menschen in Verbindung.

Geschichte der Menschheit«, versicherte er. »Die Aufnahme nur eines Nahrungsmittels fördert die Verdauung und ist besser für den Organismus.
Manchmal warf mir Don Juan vor, daß ich mich immer schlecht fühlte. Sie können sich vorstellen, daß ich mich dagegen verwahrte! Dann sah ich aber ein, daß er recht hatte, und ich lernte. Jetzt fühle ich mich wohl, kräftig und gesund.«
Sie haben auch eine andere Art zu schlafen als die meisten von uns. Wichtig ist, sich klarzumachen, daß man auf viele Arten schlafen kann. Nach Castaneda hat man uns beigebracht, zu einer bestimmten Zeit schlafen zu gehen und aufzustehen, weil es die Gesellschaft so verlangt. »So schicken beispielsweise die Eltern die Kinder ins Bett, um sie loszuwerden«, sagte Castaneda. Wir alle lachten, weil er nicht ganz unrecht hatte.
»Ich schlafe den ganzen Tag und die ganze Nacht«, erklärte er, »aber wenn ich die Stunden und Minuten zusammenzähle, in denen ich wirklich schlafe, kommen, glaube ich, nicht mehr als fünf Stunden täglich heraus.« So zu schlafen, erfordert von einem die Fähigkeit, sofort in den Tiefschlaf zu versinken.
Castaneda kehrte zu Joe Cordoba und seiner Frau zurück und erzählte, daß eines Tages die toltekische Señora kam und sagte, sie arbeiteten nicht genug. »Sie trug uns auf, eine ziemlich große Landschaftsgärtnerei zu organisieren.
Diese neue Aufgabe der toltekischen Señora war keine Kleinigkeit. Wir mußten Leute einstellen,

die uns unter der Woche halfen, während wir in der Imbißstube waren. An den Wochenenden widmeten wir uns ausschließlich den Gärten. Wir hatten großen Erfolg.
La Gorda hat viel Unternehmungsgeist. Wir arbeiteten in diesem Jahr sehr hart. Während der Woche waren wir im Lokal und an den Wochenenden fuhren wir den Lkw und beschnitten die Bäume. Die toltekische Frau stellt sehr hohe Forderungen.
Ich erinnere mich, wie wir einmal bei einem Freund zu Besuch waren, als Zeitungsleute kamen und Carlos Castaneda suchten. Es waren Reporter von der *New York Times*. Um unbemerkt zu bleiben, machten la Gorda und ich uns daran, im Garten meines Freundes Bäume zu pflanzen. Wir sahen sie von weitem das Haus betreten und wieder verlassen. In diesem Augenblick schrie mein Freund uns an und beschimpfte uns vor den Reportern. Joe Cordoba und seine Frau konnte man offenbar ohne Folgen anschreien. Keiner der Anwesenden nahm uns in Schutz. Wer waren wir auch? Dort arbeiten nur die Armen und die Hunde in der Sonne.
So haben mein Freund und wir die Reporter getäuscht. Meinen Körper konnte ich jedoch nicht täuschen. Drei Jahre gaben wir uns der Aufgabe hin, dem Körper Erlebnisse zu verschaffen, die ihm bewußt machten, daß wir in Wirklichkeit nichts sind. In Wirklichkeit ist der Körper nicht der einzige, der leidet. Auch der Geist ist an ständige Reize gewöhnt. Der Körper empfängt jedoch

keine Reize aus der Umwelt; er braucht sie nicht. Was konnte es daher für einen besseren Ort geben als den, an dem wir uns befanden! Dort denkt niemand!«

Bei der weiteren Schilderung seiner Abenteuer erzählte Castaneda, daß er und la Gorda mehr als einmal mit Fußtritten auf die Straße befördert wurden. »Bei anderen Gelegenheiten, wenn sie in einem Lkw fuhren, drängten sie uns in den Straßengraben. Was hätten wir tun sollen? Das beste war, sie vorbeifahren zu lassen!«

Nach allem, was uns Castaneda gesagt hatte, schien es, als hätte die Aufgabe dieser Jahre etwas damit zu tun gehabt »zu lernen unter ungünstigen Umständen zu überleben« und »mit dem Erlebnis der Diskriminierung zu überleben«. Letzteres war »sehr schwer zu ertragen, aber sehr lehrreich«, schloß Castaneda mit großer Ruhe.

Das Ziel der Aufgabe besteht darin, sich der emotionalen Wirkung zu entziehen, welche die Diskriminierung auslöst. Das Wichtigste ist, nicht zu reagieren, sich nicht zu ärgern. Wer reagiert, ist verloren. »Man ärgert sich nicht über den Tiger, wenn er angreift«, erklärte er. »Man tritt zur Seite und läßt ihn vorbeispringen.

Bei einer anderen Gelegenheit fanden la Gorda und ich Arbeit in einem Haus, sie als Dienstmädchen, ich als Verwalter. Sie können sich nicht vorstellen, wie das ausging! Sie jagten uns mit Fußtritten und ohne Lohn davon! Mehr noch: um sich für den Fall, daß wir uns wehrten, zu schützen, hatten sie die örtliche Polizei geholt. Stellen Sie sich das vor! Wir wurden ohne Grund verhaftet.

In diesem Jahr mußten la Gorda und ich sehr hart arbeiten und große Entbehrungen erdulden. Oft hatten wir nichts zu essen. Das Schlimmste war, daß wir uns nicht beschweren konnten und die Unterstützung der Gruppe nicht hatten. Bei dieser Aufgabe waren wir allein und konnten nicht entkommen. Auch wenn wir hätten sagen dürfen, wer wir waren, würde uns niemand geglaubt haben. Die Aufgabe ist immer total.

Ich bin tatsächlich Joe Cordoba«, fuhr Castaneda fort, und er begleitete seine Worte mit Bewegungen seines ganzen Körpers. »Und das ist sehr schön, weil man tiefer nicht mehr fallen kann. Ich bin auf dem tiefsten Punkt angelangt, den man erreichen kann. Das ist alles, was ich bin.« Bei diesen letzten Worten berührte er den Boden mit den Händen.

»Wie ich schon sagte, hat jeder von uns andere Aufgaben auszuführen. Die Genaros sind sehr geschickt. Benigno ist jetzt in Chiapas, und es gefällt ihm dort sehr gut. Er hat eine Band. Benigno besitzt die wunderbare Gabe, andere nachzuahmen. Er imitiert Tom Jones und viele andere. Pablito ist ganz der alte. Er ist sehr faul. Benigno zieht den Rummel auf und Pablito feiert. Benigno arbeitet, und Pablito nimmt den Applaus entgegen.

Jetzt haben wir alle unsere Aufgaben beendet und bereiten uns auf neue vor. Die toltekische Señora gibt uns die Befehle.«

Die Geschichte von Joe Cordoba und seiner Frau

hatte uns sehr beeindruckt. Es war ein ganz anderes Erlebnis als die in seinen Büchern beschriebenen. Wir wollten wissen, ob er über Joe Cordoba etwas geschrieben hatte oder gerade schrieb.
»Ich wußte, daß Joe Cordoba existierte«, sagte einer von uns. »Er mußte existieren. Warum schreiben Sie nicht darüber? Von allem, was Sie uns eben gesagt haben, hat die Geschichte von Joe Cordoba und seiner Frau den stärksten Eindruck auf mich gemacht.«
»Ich habe meinem Agenten gerade ein neues Manuskript übergeben«, antwortete Castaneda. »In diesem Manuskript ist die toltekische Señora diejenige, die lehrt. Es konnte nicht anders sein. Der Titel wird möglicherweise lauten ›Das Pirschen und die Kunst, auf der Welt zu sein‹.[14] Darin ist ihre ganze Lehre enthalten. Sie ist für dieses Manuskript verantwortlich. Es mußte eine Frau sein, die die Kunst des Pirschens lehrt. Die Frauen kennen sie gut, denn sie haben immer mit dem Feind gelebt, das heißt, sie sind immer in einer Männerwelt ›auf Zehenspitzen gegangen‹. Eben deshalb, weil die Frauen eine lange Erfahrung in dieser Kunst haben, muß die toltekische Señora die Prinzipien des Pirschens erläutern.

---

[14] Unlängst kündigte der Verlag Simon and Schuster ein neues Buch von Carlos Castaneda unter dem Titel *The Flight of the Eagle* an. (Tatsächlich erschienen ist mittlerweile *The Eagle's Gift*, Simon and Schuster, New York 1981, dt. von Thomas Lindquist, *Die Kunst des Pirschens*, S. Fischer Verlag, Frankfurt a. M. 1981. A. d. Ü.)

Allerdings findet sich in diesem letzten Manuskript nichts Konkretes über das Leben von Joe Cordoba und seiner Frau. Ich kann dieses Erlebnis nicht in allen Einzelheiten beschreiben, denn niemand würde es verstehen oder glauben. Über diese Dinge kann ich nur mit sehr wenigen Menschen sprechen... Ja, die Essenz der Erfahrungen der letzten Jahre ist in dem Buch enthalten.«
Dann kehrte er wieder zur toltekischen Señora und ihrer Eigenart zurück und sagte, daß sie ganz anders sei als Don Juan. »Mich liebt sie nicht«, behauptete er, »aber la Gorda, die liebt sie! Die toltekische Señora kann man nichts fragen. Bevor man den Mund aufmacht, weiß sie schon, was sie sagen muß. Außerdem muß man sie fürchten; wenn sie sich ärgert, schlägt sie zu«, schloß er und machte einige Gesten, die seine Furcht ausdrückten.


Die Traum-Übung

Wir schwiegen eine Weile. Die Sonne stand schon tief, und ihre Strahlen erreichten uns zwischen den Baumstämmen hindurch. Mich fröstelte ein wenig. Ich schätzte, daß es etwa sieben Uhr abends sein mußte.
Castaneda schien sich auch der vorgerückten Stunde bewußt zu sein. »Es ist schon spät«, sagte er. »Was meinen Sie, gehen wir etwas essen? Ich darf Sie einladen?«

Wir standen auf und machten uns auf den Weg. Durch einen ironischen Zufall trug Castaneda ein Stück meine Aufzeichnungen und seine Bücher. Das beste war, alles im Auto zu lassen. Das taten wir auch. Unbeschwert gingen wir in lebhaftem Gespräch einige Häuserblocks weit.
Alles, was sie erreicht haben, erfordert Jahre der Vorbereitung und Übung. Ein Beispiel ist die Übung des »Träumens«. – »Was wie eine Verrücktheit aussieht, ist sehr schwer zu erreichen«, versicherte Castaneda mit Nachdruck.
Die Übung geht darauf hinaus, daß man lernt, nach Wunsch und systematisch zu träumen. Man beginnt damit, von einer Hand zu träumen, die im Gesichtsfeld des Träumenden erscheint. Dann sieht man den ganzen Arm. So geht es Schritt für Schritt weiter, bis man sich selbst im Traum sehen kann. Im nächsten Stadium lernt man, von den Träumen Gebrauch zu machen. Das heißt, sobald es einem gelungen ist, sie zu beherrschen, muß man lernen, in ihnen zu handeln. »So träumt man beispielsweise«, sagte Castaneda, »von sich selbst, wie man den Körper verläßt, die Tür öffnet und auf die Straße hinausgeht. Die Straße ist etwas Unerhörtes! Etwas in einem tritt aus einem heraus; man schafft es nach Belieben.«
Nach Castaneda nimmt das Träumen keine Zeit in Anspruch. Das heißt, das Träumen findet nicht in der Zeit unserer Uhren statt. Die Traumzeit ist etwas sehr Kompaktes.
»Die toltekische Frau«, erklärte Castaneda weiter,

»sagt, daß das Träumen in der ›P‹-Zeit stattfindet. Warum? Ich weiß es nicht. Sie sagt, es ist so.«
Castaneda gab uns zu verstehen, daß das Träumen zu einer ungeheuren körperlichen Schwächung führt. »Man kann in den Träumen viel erleben«, sagte er, »aber der Körper bekommt es zu spüren. Mein Körper spürt es sehr... Er hat danach so etwas wie eine Schwere wie von Jahren.«
Wenn wir das Thema Traum berührten, sagte Castaneda mehrere Male, daß das, was wir in den Träumen tun, einen pragmatischen Wert hat. In *Der Ring der Kraft* liest man, daß die Erlebnisse im Traum und im Wachsein »die gleiche praktische Bedeutung gewinnen. Die Auffassung des Zauberers besagt, daß unter dem Einfluß von Träumen die üblichen Kriterien der Unterscheidung zwischen Traum und Wirklichkeit außer Kraft gesetzt werden« (S. 17).
Dieses Heraustreten oder die Reise außerhalb des physischen Körpers weckte unser lebhaftes Interesse, und wir wollten mehr über diese Erlebnisse erfahren.
Er antwortete uns mit der Erklärung, daß jeder von ihnen verschiedene Erfahrungen gemacht hat. »La Gorda und ich, zum Beispiel, wir gehen zusammen. Sie nimmt mich am Unterarm und... wir gehen.«
Er erklärte uns auch, daß die Gruppe gemeinsame Reisen unternimmt. Alle sind in ständiger Übung, deren Ziel es ist, »Zeuge zu sein«. Castaneda sagte: »Zeuge sein, das bedeutet, daß man über nichts

mehr urteilen kann. Das heißt, es handelt sich um *ein ewiges Sehen*, das soviel bedeutet wie keine Vorurteile mehr haben.«
Josefina scheint große Fähigkeiten für diese Reisen im Traumkörper zu besitzen. Sie möchte Castaneda mitnehmen und lockt ihn, indem sie ihm wunderbare Dinge erzählt. La Gorda rettet ihn dann immer.
»Josefina kann mit großer Leichtigkeit diesen Bogen der Reflektierbarkeit zerbrechen. Sie ist verrückt, völlig verrückt!« rief er. »Josefina fliegt sehr weit, aber sie mag nicht allein gehen und kehrt immer wieder zurück. Sie kehrt zurück und sucht mich... Sie berichtet mir wunderbare Dinge!«
Nach Castaneda ist Josefina ein Wesen, das auf dieser Welt nicht funktionieren kann. »Hier«, sagte er, »hätte man sie längst in eine Anstalt gesteckt.«
Josefina ist ein Geschöpf »ohne Bindungen an das Konkrete«, sie ist ätherisch. »Jeden Augenblick kann sie für immer fortgehen.« La Gorda und er sind dagegen viel vorsichtiger bei ihren Flügen. Besonders la Gorda repräsentiert das Gleichgewicht und die Stabilität, die ihm in einem gewissen Maße fehlen.
Nach einer Pause erinnerte ich ihn an die Vision der Kuppel, die in *Der zweite Ring der Kraft* als Ort der Begegnung dargestellt ist und wo Don Juan und Don Genaro sie erwarten.
»La Gorda hat diese Vision auch«, bemerkte er nachdenklich. »Was wir da sehen, ist kein irdischer Horizont. Es ist etwas sehr Ebenes und Unfrucht-

bares, an dessen Horizont wir so etwas wie einen ungeheuren Bogen sehen, der alles bedeckt und sich bis zum Zenit erhebt. An diesem Punkt des Zenits sieht man ein großes Leuchten. Ich würde sagen, es ist so etwas wie eine Kuppel, die ein bernsteingelbes Licht ausstrahlt.«

Wir bedrängten ihn mit Fragen, damit er uns mehr über diese Kuppel sagte. »Was ist das. Wo ist sie?«

Castaneda antwortete, was sie sehen, sei so groß, daß es ein Planet sein könnte. »Im Zenit«, fügte er hinzu, »gibt es so etwas wie einen großen Wind.«

An der Kürze seiner Antwort erkannten wir, daß Castaneda nicht viel über dieses Thema sprechen mochte. Möglicherweise fand er auch nicht die richtigen Worte, um auszudrücken, was sie sehen. Wie dem auch sei, es ist augenscheinlich, daß diese Visionen, diese Flüge im Traumkörper eine ständige Übung für die letzte Reise sind – dieses Vorbeigehen an der linken Seite des Adlers, diesen letzten Sprung, den man Tod nennt, diese Beendigung der Rekapitulation, dieses Sagenkönnen »wir sind bereit« –, auf die wir alles mitnehmen, was wir sind, aber nicht mehr als das, was wir sind.

»Nach den Worten der toltekischen Frau«, vertraute uns Castaneda an, »sind diese Visionen Abirrungen von mir. Sie denkt, dies sei meine unbewußte Art, das Handeln zu lähmen, das heißt, meine Art zu sagen, daß ich nicht aus der Welt

fortgehen will. Die toltekische Frau sagt auch, daß ich durch meine Einstellung la Gorda in ihren Möglichkeiten eines fruchtbareren oder produktiveren Fluges behindere.«
Don Juan und Don Genaro waren große Träumer. Sie beherrschten die Kunst vollkommen. »Mich erschreckt, daß niemand bemerkt, was für ein unerhörter Träumer Don Juan ist!« rief Castaneda plötzlich und hob die Hand an die Stirn. »Dasselbe kann man von Don Genaro sagen. Don Genaro, zum Beispiel, ist imstande, seinen Traumkörper in das tägliche Leben herüberzunehmen.«
Die große Beherrschung Don Juans und Don Genaros zeigt sich in dieser Fähigkcit, nicht aufzufallen oder sich unbemerkt zu bewegen.[15] »Alles, was sie tun«, fuhr er begeistert fort, »ist rühmenswert. An Don Juan bewundere ich sehr die große Selbstbeherrschung, Zurückhaltung und Gelassenheit.
Man wird von Don Juan nie sagen können, er sei ein seniler Greis. Das ist bei anderen Menschen nicht so. Hier auf dem Campus gibt es, zum Beispiel, einen alten Professor, der schon berühmt

---

15 In allen Büchern spielt Castaneda auf dieses »Nicht-Auffallen« und »Unbemerkt-Bleiben« an. In *Der zweite Ring der Kraft* erinnert er sich daran, wie oft ihm Don Juan befohlen hatte, sich darauf zu konzentrieren, nicht aufzufallen. Auch Néstor sagt, daß Don Juan und Genaro gelernt hatten, »sich unbemerkt zwischen alledem zu bewegen« (S. 192). Die beiden sind Meister in der Kunst des »Pirschens«. Von Don Genaro sagt la Gorda, daß er »die meiste Zeit in seinem *geträumten* Körper war« (S. 258).

war, als ich noch ein Junge war. Damals befand er sich auf dem Höhepunkt seiner körperlichen Stärke und geistigen Schaffenskraft. Jetzt... kaut er auf seiner ausgetrockneten Korkzunge herum. Jetzt kann ich ihn sehen, wie er ist, als senilen Greis. Von Don Juan dagegen werde ich so etwas nie sagen können. Seine Überlegenheit mir gegenüber ist immer unüberbrückbar.«

In dem Interview mit Sam Keen sagt Castaneda, daß ihn Don Juan einmal fragte, ob er meine, daß sie beide gleich seien. Obwohl er es nicht wirklich glaubte, antwortete er in herablassendem Ton mit Ja. Don Juan hörte ihn an, ließ aber sein Urteil nicht gelten. »Ich glaube nicht, daß wir es sind«, sagte er, »denn ich bin ein Jäger und ein Krieger, und du bist nichts weiter als ein *pimp* [Zuhälter, Strichjunge]. Ich bin jederzeit bereit, die Rekapitulation meines Lebens anzubieten. Deine kleine Welt voller Traurigkeit und Unentschlossenheit kann nie der meinen gleichen.«[16]

In allem, was uns Castaneda gesagt hatte, kann man Parallelen zu anderen Strömungen und Traditionen des mystischen Denkens finden. In seinen Büchern selbst werden Autoren und Werke vom Altertum bis zur Gegenwart zitiert. Ich erinnerte ihn daran, daß er unter anderem auf das *Ägyptische Totenbuch* und Wittgensteins *Tractatus*, auf spani-

---

16 Sam Keen, *Voices and Visions*, Harper and Row, New York 1976, S. 122.

sche Dichter wie San Juan de la Cruz und Juan Ramón Jiménez und auf lateinamerikanische Autoren wie den Peruaner César Vallejo verwies.
»Ja«, antwortete er. »Ich habe immer Bücher in meinem Auto, viele Bücher. Sachen, die mir die einen und die anderen schicken. Ich habe Don Juan oft aus diesen Büchern vorgelesen. Ihm gefällt die Lyrik. Selbstverständlich immer nur die ersten vier Zeilen! Was folgt, ist nach seinen Worten reine Idiotie. Er sagt, nach der ersten Strophe geht die Kraft verloren, es gibt dann nur noch Wiederholungen.«
Einer von uns fragte ihn, ob er die Jogatechniken und die Beschreibungen der verschiedenen Wirklichkeitsebenen in den heiligen Schriften der Inder kenne oder von ihnen gelesen habe.
»Das alles ist wunderbar«, antwortete er. »Ich hatte außerdem ziemlich enge Beziehungen zu Leuten, die Hatha-Joga praktizierten.
Im Jahre 1976 machte mich ein befreundeter Arzt, Claudio Naranjo [Kennen Sie ihn? fragte er uns], mit einem Jogameister bekannt. Wir besuchten ihn in seinem Aschram, hier in Kalifornien. Wir verständigten uns mit Hilfe eines Professors, der für uns dolmetschte. Ich versuchte in diesem Gespräch Parallelen zu meinen eigenen Erfahrungen mit den Reisen außerhalb des Körpers zu entdecken. Es wurde aber nichts Wichtiges gesprochen. Es gab zwar eine Menge Umständlichkeiten und Zeremonien, aber gesagt wurde nichts. Gegen Ende des Gesprächs nahm dieser Mensch so etwas wie einen

Wäschesprenger aus Metall und begann mich mit einer Flüssigkeit zu bespritzen, deren Geruch mir ganz und gar nicht gefiel. Sobald er sich zurückgezogen hatte, fragte ich, womit er mich eben bespritzt hatte. Jemand trat zu mir und erklärte mir, ich dürfe mich sehr glücklich schätzen, denn er habe mich gesegnet. Ich bestand darauf zu erfahren, was das Gefäß enthielt. Schließlich sagte man mir, daß alle Ausscheidungen des Meisters aufbewahrt wurden. ›Alles, was aus ihm kommt, ist heilig.‹ Sie können sich vorstellen«, schloß er in einem halb spöttischen, halb scherzenden Ton, »daß damit das Gespräch mit dem Jogameister zu Ende war.«

Ein paar Jahre später hatte Castaneda ein ähnliches Erlebnis mit einem der Schüler Gurdijeffs. Er traf sich mit ihm auf Drängen eines Freundes in Los Angeles. Offenbar ahmte dieser Herr Gurdijeff in allem nach. »Er hatte sich den Kopf kahlgeschoren und trug einen riesigen Schnurrbart«, sagte Castaneda und zeigte mit den Händen, wie groß der Bart war. »Wir waren kaum eingetreten, als er mich auch schon kräftig am Hals packte und mir einige gewaltige Schläge versetzte. Unmittelbar darauf sagte er, ich müsse den Lehrer verlassen, den ich hatte, weil ich nur meine Zeit vergeudete. Er werde mir in acht oder neun Lektionen alles beibringen, was ich wissen müsse. Können Sie sich das vorstellen? In ein paar Lektionen bringen sie einem alles bei.«

Castaneda sagte uns auch, daß der Schüler Gurdijeffs den Gebrauch von Drogen erwähnt hatte, um den Lernprozeß zu beschleunigen.

Das Gespräch dauerte nicht lange. Es scheint, daß Castanedas Freund sehr rasch erkannte, wie lächerlich die Situation war und wie sehr er sich geirrt hatte. Dieser Freund hatte auf der Begegnung mit dem Schüler Gurdijeffs bestanden, weil er davon überzeugt war, daß Castaneda einen seriöseren Lehrer als Don Juan brauchte. Nach diesem Gespräch schämte sich sein Freund sehr, sagte uns Castaneda.

Wir waren schon sechs oder sieben Häuserblocks weit gegangen. Eine Weile sprachen wir von verschiedenen Dingen, die uns gerade so einfielen. Ich erinnere mich an meine Bemerkung, daß ich in *La Gaceta del Fondo de Cultura Económica* einen Artikel von Juan Tovar gelesen hatte, in dem die Möglichkeit erwähnt wurde, die Bücher zu verfilmen.[17]

»Ja«, sagte er, »eine Zeitlang sprach man von dieser Möglichkeit.« Dann berichtete er uns von seiner Begegnung mit dem Produzenten Joseph Levine, der ihn hinter seinem riesigen Schreibtisch eingeschüchtert hatte. Die Größe des Schreibtisches und die Worte des Produzenten, die wegen der dicken Zigarre, die er zwischen den Lippen hielt, kaum verständlich waren, gehörten zu den Dingen, die Castaneda am meisten beeindruckt

---

17 Siehe Juan Tovar, »Encuentros de poder«, in: *Gaceta F. C. E.*, Mexiko, Dez. 1974.

hatten. »Er saß hinter einem Schreibtisch wie auf einem Podium«, erklärte er, »und ich stand ganz klein da unten. Die Mächtigen! Die Hände voller Ringe mit sehr großen Steinen.«
Castaneda hatte Juan Tovar gesagt, das letzte, was er erwartete, sei, Anthony Quinn in der Rolle des Don Juan zu sehen. Es scheint, daß jemand Mia Farrow für eine der Rollen vorgeschlagen hatte...
»Einen solchen Film zu konzipieren, war sehr schwer«, erklärte er. »Er ist weder Ethnographie noch Dichtung. Der Plan wurde schließlich aufgegeben. Der Nagual Juan Matos sagte mir, es lasse sich nicht machen.«
Um dieselbe Zeit lud man ihn ein, an »Shows« wie denen von Johnny Carson und Dick Cavett teilzunehmen. »Schließlich konnte ich mich auf so etwas nicht einlassen. Was sage ich beispielsweise Johnny Carson, wenn er mich fragt, ob ich mit dem Kojoten gesprochen habe oder nicht? Was soll ich ihm antworten? Ich sage also ja... und dann?« Es wäre zweifellos eine lächerliche Situation gewesen.
»Don Juan trug mir auf, Zeugnis abzulegen von einer Tradition«, sagte Castaneda. »Er selbst bestand darauf, daß ich Interviews gab und Vorträge hielt, um den Verkauf der Bücher zu fördern. Dann hieß er mich, alles aufzugeben, weil diese Art von Aufgabe viel Energie verbraucht. Wenn man sich mit so etwas beschäftigt, muß man seine ganze Kraft einsetzen.«
Castaneda erklärte, daß er es übernommen hat, mit den Einnahmen aus seinen Büchern die Ausga-

ben der ganzen Gruppe zu bestreiten. Er ernährt sie alle.

»Don Juan«, sagte er, »gab mir die Aufgabe, alles aufzuschreiben, was die Zauberer und Hexen sagen. Meine Aufgabe besteht nur darin zu schreiben, bis man mir eines Tages sagt: ›Genug. Nun ist es zu Ende.‹ Die Wirkung, die meine Bücher haben oder nicht haben, kenne ich nicht wirklich, weil ich keine Beziehung zu dem habe, was hier geschieht. Don Juan und jetzt der toltekischen Frau gehört das ganze Material der Bücher. Sie sind verantwortlich für alles, was darin gesagt wird.«

Der Ton seiner Stimme und seine Gesten beeindruckten uns sehr. Es war augenscheinlich, daß Castaneda in dieser Hinsicht einfach die Aufgabe hatte zu gehorchen. Sein einziges Ziel ist es, makellos zu sein als Empfänger und Übermittler einer Tradition und einer Lehre.

»Ich persönlich«, fuhr er nach einer Pause fort, »arbeite an einer Art von ›Journal‹. Es ist eine Art Handbuch. Für diese Arbeit bin ich selbst verantwortlich. Ich möchte, daß es ein seriöser Verlag herausbringt und an interessierte Personen und Studienzentren verteilt.«

Er sagte uns, er habe etwa achtzehn ›Einheiten‹ ausgearbeitet, in denen er, wie er glaubt, die ganze Lehre der toltekischen Nation zusammengefaßt hat. Er benutzte dabei die Phänomenologie E. Husserls als theoretischen Rahmen, um verständlich zu machen, was man ihn gelehrt hat.

»Letzte Woche«, sagte er, »war ich in New York.

Ich trug das Projekt dem Verlag Simon and Schuster vor, kam damit aber nicht an. Es scheint, daß sie Angst haben. So eine Sache kann kein Erfolg werden.
Für diese achtzehn Einheiten bin ich allein verantwortlich«, sagte er nachdenklich, »und wie Sie sehen, hatte ich keinen Erfolg. Diese achtzehn Einheiten sind so etwas wie die achtzehn Stürze, bei denen ich mir heftig den Kopf anschlug. Ich bin mit dem Verlag einer Meinung, daß es schwere Lektüre ist, aber so bin ich... Don Juan, Don Genaro, alle anderen sind nicht so. Sie sind leicht!«[18]
Dann fragte er, uns zuvorkommend: »Warum ich sie Einheiten nenne? Ich nenne sie so, weil jede eine der Methoden zeigen soll, die Einheit des Vertrauten zu zerbrechen. Man kann diese einzige, auf die Wahrnehmung gegründete Anschauung auf verschiedene Arten zerstören.«
Castaneda, der uns das noch einmal zu erklären versuchte, wählte als Beispiel die Landkarte. Jedesmal, wenn wir einen Ort erreichen wollen, brauchen wir eine Karte mit deutlichen Bezugspunkten, um uns nicht zu verirren. »Ohne Karte finden wir nichts!« rief Castaneda. »Was daraufhin geschieht, ist, daß diese Karte das einzige ist, was wir sehen. Anstatt zu sehen, was es zu sehen gibt,

---

[18] Wie uns Castaneda am Telefon sagte, hat sich der Verlag Simon and Schuster zuletzt doch dazu entschlossen, das Projekt des »Journals« anzunehmen, das ihm solche Sorgen zu bereiten schien. Bis jetzt ist es noch nicht erschienen.

sehen wir zuletzt die Karte, die wir in uns tragen. Deshalb ist das Zerbrechen dieses Bogens der Reflektibilität, das ständige Durchtrennen der Fäden, die uns zu den bekannten Bezugspunkten führen, die letzte Lehre Don Juans.«
Mehrere Male im Laufe dieses Nachmittags mußte Castaneda darauf bestehen, daß er nichts weiter war als eine »einfache Brücke zur Welt«. Alles Wissen der Bücher gehört dem toltekischen Volk.
Angesichts seiner Beharrlichkeit mußte ich reagieren und sagen, daß doch die Arbeit, das Material der Aufzeichnungen zu zusammenhängenden und klar gegliederten Büchern zusammenzufassen, immerhin sehr groß und schwierig war.
»Nein«, antwortete Castaneda. »Ich habe damit keine Arbeit. Meine Aufgabe besteht einfach darin, die Seite zu kopieren, die mir in Träumen gegeben wird.«
Nach Castaneda kann man nicht etwas aus dem Nichts schaffen. So schaffen zu wollen, ist Unsinn. Um uns das zu erklären, zog er zum Vergleich eine Episode aus dem Leben seines Vaters heran.
»Mein Vater«, erzählte er, »beschloß, ein großer Schriftsteller zu werden. Mit dieser Absicht ging er daran, sein Arbeitszimmer einzurichten. Er mußte ein perfektes Arbeitszimmer haben. Jede Einzelheit mußte berücksichtigt werden, von der Dekoration der Wände bis zu der Art von Licht, das er am Arbeitstisch brauchte. Sobald das Zimmer fertig war, suchte er lange nach einem für sein Unternehmen geeigneten Schreibtisch. Er mußte eine

ganz bestimmte Größe und Farbe haben, aus einem bestimmten Holz sein etc. Dasselbe galt für die Wahl des Stuhls, auf den er sich setzen wollte. Dann mußte eine geeignete Auflage ausgesucht werden, damit das Holz des Schreibtisches nicht zerkratzt wurde. Sie konnte aus Plastik, Glas, Leder oder Pappe sein. Darauf wollte mein Vater das Papier legen, auf dem sein Meisterwerk entstehen sollte. Dann saß er auf seinem Stuhl vor dem weißen Papier und wußte nicht, was er schreiben sollte. So ist mein Vater. Er will gleich als allererstes den vollkommenen Satz schreiben. Selbstverständlich kann man so nicht schreiben! Man ist immer ein Werkzeug, ein Mittler. Ich sehe jede Seite im Traum, und der Erfolg jeder dieser Seiten hängt vom Grad der Treue ab, mit der ich imstande bin, dieses Traumvorbild zu kopieren. Genau gesagt, ist die Seite, die am stärksten beeindruckt oder wirkt, diejenige, bei der es mir gelungen ist, das Original mit der größten Genauigkeit zu kopieren.«
Diese Bemerkungen Castanedas enthüllen eine ganze Theorie der Erkenntnis und der geistigen und künstlerischen Schöpfung. (Ich dachte augenblicklich an Platon und den heiligen Augustinus und ihr Bild vom »inneren Lehrer«.) Erkennen ist Entdecken und Schaffen ist Kopieren. Weder die Erkenntnis noch die Schöpfung kann jemals ein Unternehmen *persönlicher* Art sein.
Während des Abendessens erwähnte ich einige seiner Interviews, die ich gelesen hatte. Ich sagte, daß mir besonders das Interview gefallen hatte, das

Sam Keen zuerst in *Psychology Today* veröffentlichte. Auch Castaneda war mit diesem Interview zufrieden. Er schätzte Sam Keen sehr. »In diesen Jahren«, sagte er, »kannte ich viele Menschen, deren Freund ich gern geblieben wäre... ein Beispiel ist der Theologe Sam Keen. Aber Don Juan sagte ›genug‹.«
In bezug auf das Interview in *Time* erzählte uns Castaneda, daß ihn zuerst ein Journalist in Los Angeles aufgesucht hatte. Es scheint, daß die beiden nicht miteinander zurecht kamen (»es funkte nicht«, sagte er), und der Mann ging wieder. Daraufhin schickte man ihm »eines dieser Mädchen, die nicht nein sagen können«, erklärte er, und wir lächelten. Alles ging sehr gut, und die beiden verstanden sich »ausgezeichnet«. Castaneda hatte den Eindruck, daß sie verstand, was er ihr sagte. Zuletzt schrieb sie aber den Artikel doch nicht. Man gab die Notizen, die sie gemacht hatte, einem Journalisten. »Ich glaube, er ist jetzt in Australien«, sagte Castaneda. Dieser Journalist machte mit den Notizen offenbar, was er wollte.
Jedesmal, wenn aus dem einen oder anderen Grunde das Interview in *Time* erwähnt wurde, war ihm der Ärger offen anzumerken. Er hatte Don Juan darauf aufmerksam gemacht, daß *Time* eine zu wichtige und einflußreiche Zeitschrift ist, aber Don Juan hatte auf dem Interview bestanden. »Das Interview wurde gemacht – um jeden Preis«, fügte er hinzu und gebrauchte wieder einen für Buenos Aires typischen Ausdruck.

Wir sprachen auch über die Kritiker und das, was über seine Bücher geschrieben worden war. Ich erwähnte Richard de Mille und andere, die die Wahrhaftigkeit und den anthropologischen Wert seiner Arbeit angezweifelt hatten.

»Die Arbeit, die ich zu verrichten habe«, sagte Castaneda, »ist unabhängig von allem, was die Kritiker sagen können. Meine Aufgabe besteht darin, dieses Wissen so gut wie möglich darzustellen. Nichts, was sie sagen können, berührt mich, denn ich bin nicht mehr Carlos Castaneda, der Schriftsteller. Ich bin weder Schriftsteller noch Denker noch Philosoph... Deshalb treffen mich ihre Angriffe nicht. Jetzt weiß ich, daß ich nichts bin; niemand kann mir etwas nehmen, denn Joe Cordoba ist *nichts*. Es gibt in all dem keinen persönlichen Stolz.

Wir leben auf einem Niveau, das niedriger ist als das des mexikanischen Bauern, und das will etwas heißen. Wir haben den Boden berührt und können nicht tiefer fallen. Der Unterschied zwischen uns und dem Bauern ist, daß er Hoffnungen hat, etwas liebt und arbeitet, um eines Tages mehr zu haben, als er heute hat. Wir dagegen haben nichts und haben immer weniger. Können Sie sich das vorstellen? Die Kritiker können nicht ins Schwarze treffen.

Ich bin nie vollständiger da, als wenn ich Joe Cordoba bin!« rief er heftig und breitete die Arme in einer kraftvollen Gebärde aus. »Joe Cordoba, der den ganzen Tag Hamburger brät, die Augen voll Rauch... Verstehen Sie mich?«

Nicht alle Kritiker waren negativ eingestellt. Octa-

vio Paz, zum Beispiel, schrieb ein sehr gutes Vorwort zur spanischen Ausgabe von *Die Lehren des Don Juan*.[19] Ich hatte es sehr schön gefunden. »Ja«, stimmte Castaneda zu. »Dieses Vorwort ist ausgezeichnet. Octavio Paz ist ein echter Gentleman. Vielleicht einer der letzten, die es noch gibt.«
Der Ausdruck »ein echter Gentleman« bezieht sich nicht auf die unbestreitbaren Qualitäten von Octavio Paz als Denker und Schriftsteller. Nein, er weist auf die inneren Qualitäten des Seins hin, auf den Wert der Person als menschliches Wesen. Daß Castaneda von »einem der letzten, die es noch gibt«, sprach, hebt die Tatsache hervor, daß es sich um eine Spezies handelt, die vom Aussterben bedroht ist.
»Gut«, sagte Castaneda und versuchte die Wirkung seiner Worte abzuschwächen. »Vielleicht gibt es noch zwei Gentlemen.« Der andere ist ein alter mexikanischer Historiker, ein Freund von ihm, dessen Name uns unbekannt war. Über ihn erzählte er uns einige Anekdoten, die seine körperliche Vitalität und geistige Lebhaftigkeit widerspiegelten.
In diesem Stadium des Gesprächs erklärte uns Castaneda, wie er die Briefe auswählt, die er bekommt. »Soll ich Ihnen erzählen, wie ich es mit Ihnen gemacht habe?« fragte er, an mich gewandt.
Er sagte uns, daß sie ein junger Mann, mit dem er befreundet ist, entgegennimmt und in einer Tasche

---

19 Octavio Paz, »La mirada anterior«.

aufbewahrt, bis er nach Los Angeles kommt. Sobald er da ist, geht Castaneda immer nach demselben Schema vor. Zuerst schüttet er die ganze Post in einen großen Karton – »wie eine Spielzeugschachtel« –, dann zieht er nur einen Brief heraus, und diesen liest und beantwortet er. Selbstverständlich niemals schriftlich. Castaneda hinterläßt keine Spuren.
»Der Brief, den ich herauszog«, erklärte er, »war der erste, den Sie mir schrieben. Danach suchte ich den zweiten. Sie können sich nicht vorstellen, was für Schwierigkeiten ich hatte, Ihre Telefonnummer zu bekommen. Als ich schon glaubte, daß ich kein Glück haben würde, bekam ich sie durch die Universität. Ich dachte wirklich schon, ich würde nicht mit Ihnen sprechen können.«
Ich war sehr überrascht, als ich erfuhr, was für Unannehmlichkeiten er auf sich genommen hatte, um mich zu treffen. Es scheint, daß er, sobald er einmal meinen Brief in der Hand hatte, versuchen mußte, alle Möglichkeiten auszuschöpfen. In seinem magischen Universum gibt man viel auf »Zeichen«.
»Hier in Los Angeles«, fuhr Castaneda beiläufig fort, »habe ich einen Freund, der mir viel schreibt. Jedesmal, wenn ich komme, lese ich alle seine Briefe, einen nach dem andern, als hätte ich ein Tagebuch vor mir. Einmal stieß ich unter diesen Briefen auf einen anderen, den ich gedankenlos öffnete. Ich las ihn, obwohl mir augenblicklich klar war, daß er nicht von meinem Freund

stammte. Daß er sich in dem Stapel befand, war für mich ein Zeichen.«
Dieser Brief brachte ihn mit zwei Menschen zusammen, die ihm von einem sehr interessanten Erlebnis berichteten. Es war Abend, und sie mußten zum »San Bernardino Freeway«. Sie wußten, daß sie, um dorthin zu gelangen, bis zum Ende der Straße fahren mußten, in der sie waren, um dann nach links abzubiegen und weiterzufahren, bis sie die Landstraße erreichten. So machten sie es auch, aber nach etwa zwanzig Minuten wurde ihnen klar, daß sie sich an einem völlig fremden Ort befanden. Das war nicht der »San Bernardino Freeway«. Sie beschlossen auszusteigen und sich zu erkundigen, aber niemand half ihnen. In einem der Häuser, an denen sie anklopften, jagte man sie mit Schreien davon.
Castaneda erzählte uns, daß die beiden Freunde den Weg zurückfuhren bis zu einer Tankstelle, wo sie um Auskunft baten. Man sagte ihnen, was sie ohnehin schon wußten. Sie fuhren also wieder denselben Weg wie zuvor und erreichten ohne Schwierigkeiten die Landstraße.
Castaneda traf sich mit ihnen. Es scheint, daß von den beiden nur einer wirklich daran interessiert ist, dieses Geheimnis zu verstehen.
»Es gibt auf der Erde«, sagte er als Erklärung, »Gegenden, ganz bestimmte Orte oder Öffnungen, durch die man in etwas anderes eintritt.« Er hielt inne und machte sich erbötig, uns hinzuführen. »Es ist hier in der Nähe, in Los Angeles... Wenn Sie wollen, bringe ich Sie hin.

Die Erde ist etwas Lebendiges. Diese Orte sind die Eingänge, durch die die Erde periodisch Kraft oder Energie aus dem Kosmos erhält. Diese Energie muß der Krieger in sich speichern. Vielleicht kann ich, wenn ich ganz makellos bin, in die Nähe des Adlers gelangen. Wenigstens das!
Alle achtzehn Tage fällt eine Woge von Energie auf die Erde nieder. Zählen Sie vom nächsten 3. August an«, schlug er uns vor. »Sie können sie wahrnehmen. Diese Energiewoge kann stark sein oder nicht, je nachdem. Wenn die Erde sehr große Wogen von Energie empfängt, erreicht uns diese immer, gleich wo wir gerade sind. Verglichen mit der Größe dieser Kraft, ist die Erde klein, und die Energie kommt überall hin.«
Wir sprachen noch miteinander, als die Servierin an unseren Tisch kam und in barschem Ton fragte, ob wir noch etwas zu bestellen gedächten. Da niemand eine Nachspeise oder Kaffee mochte, blieb uns nichts anderes übrig, als zu gehen. Die Servierin hatte sich kaum entfernt, als Castaneda sagte: »Es sieht so aus, als wollte man uns hinauswerfen.«
Ja, man warf uns hinaus und vielleicht nicht ohne Grund. Es war spät... Überrascht stellten wir fest, wie spät es schon geworden war. Wir standen auf und gingen auf die Straße hinaus.
Es war Nacht, und die Straße und die Menschen sahen festlich aus. Hinter uns trieb ein Schauspieler mit Frack und Zylinder seine Possen. Wir sahen alle lächelnd zu, während unsere Blicke den Teller

suchten, der bei solchen Veranstaltungen gewöhnlich die Runde macht. Zu unserer Rechten, unter dem Vordach eines alten Theaters, bereitete jemand auf einer winzigen Bühne eine andere Vorstellung vor. Ich glaubte eine Katze zu sehen, fertig zum Auftritt. Früher einmal versuchte ein als Bär verkleideter Mensch mit dem Mann zu konkurrieren, der mehrere Instrumente gleichzeitig spielte. »Es kommt eben darauf an, sich immer etwas Neues, Extravagantes einfallen zu lassen«, bemerkte jemand.
Während wir in Richtung des Campus zurückgingen, sprach Castaneda von einer geplanten Reise nach Argentinien.
»Dort schließt sich ein Kreis«, sagte er. »Es ist sehr wichtig für mich, nach Argentinien zurückzukehren. Ich weiß noch nicht, wann ich dazu komme, aber ich werde hinfahren. Einstweilen habe ich hier noch einiges zu erledigen. Im August sind es drei Jahre, daß ich Aufgaben ausführe, und es wäre möglich, daß ich dann reisen kann.«
Castaneda sprach an diesem Abend viel von Buenos Aires, von seinen Straßen, Vierteln und Sportklubs. Er erinnerte sich voll Sehnsucht an die Calle Florida mit ihren eleganten Geschäften und der Menge der Spaziergänger und hatte noch genaue Erinnerungen an die Straße der Kinos; die »Calle Lavalle«, sagte er nach kurzem Nachdenken.
Castaneda lebte in seiner Kindheit in Buenos

Aires. Es scheint, daß er in einem Kolleg in der Stadtmitte interniert war. Aus dieser Zeit bewahrte er die traurige Erinnerung, daß man zu ihm gesagt hatte, er sei »mehr breit als lang«, Worte, die sehr schmerzen, wenn man ein Kind ist. »Ich betrachtete immer voll Neid diese hochgewachsenen und gutaussehenden Argentinier.
Sie wissen ja, daß man in Buenos Aires immer einem Sportklub angehören muß«, fuhr Castaneda fort. »Ich war Mitglied bei ›Chacarita‹. Bei ›River Plate‹ zu sein, ist witzlos, nicht wahr? ›Chacarita‹ dagegen ist immer einer der letzten.«
Damals lag »Chacarita« tatsächlich immer an letzter Stelle. Es war rührend zu sehen, wie er sich mit den Verlierern identifizierte, mit denen »ganz unten«.
»La Gorda kommt sicherlich mit mir. Sie reist gern. Natürlich möchte sie ›Parici‹ sehen«, erklärte er. »La Gorda kauft jetzt bei Gucci ein, sie ist elegant und möchte nach Paris reisen. Ich sage immer: Gorda, warum nach Paris? Dort gibt es nichts. Aber sie hat ihre eigene Vorstellung von Paris; die ›Stadt der Lichter‹, Sie wissen ja.«
Er erwähnte la Gorda oft an diesem Abend. Castaneda stellte uns in ihr eine außergewöhnliche Persönlichkeit vor, für die er zweifellos große Achtung und Bewunderung hegt. Was war der Sinn all dieser beiläufigen Auskünfte, die er uns über sie gab? Ich glaube, daß Castaneda mit diesen Bemerkungen ebenso wie mit denen, die sich

auf die Eß- und Schlafgewohnheiten der Tolteken bezogen, verhindern wollte, daß wir uns ein zu starres Bild von ihnen machten. Die Arbeit, die sie vollbringen, ist sehr ernst, und ihr Leben ist sehr hart, aber sie sind nicht starr, und sie lassen sich nicht von den traditionellen Normen der Gesellschaft unterdrücken. Das Wichtige ist, sich von Schemata zu befreien und sie nicht durch andere zu ersetzen.

Castaneda gab uns zu verstehen, daß er, von Mexiko abgesehen, nicht viel in Lateinamerika gereist war. »Ich war vor kurzem zum erstenmal in Venezuela«, erklärte er, »und ich muß, wie ich schon sagte, bald nach Argentinien. Dort schließt sich ein Kreis. Dann kann ich gehen. Gut... die Wahrheit ist, daß ich nicht weiß, ob ich noch gehen will.« Die letzten Worte sagte er lächelnd: »Wer hat keine Bindungen?«

Nach Europa reiste er mehrere Male aus Gründen, die mit seinen Büchern zu tun hatten. »Aber 1973 schickte mich Don Juan nach Italien. Es war meine Aufgabe, nach Rom zu fahren und eine Audienz beim Papst zu erwirken. Er verlangte nicht, daß ich eine Privataudienz erhielt, sondern eine von denen, die ganzen Gruppen gewährt wird. Alles, was ich dabei zu tun hatte, war, dem Obersten Pontifex die Hand zu küssen.«

Castaneda tat alles, was Don Juan verlangt hatte. Er flog nach Italien, kam in Rom an und bat um die Audienz. »Es war eine dieser Mittwoch-Audienzen, nach denen der Papst eine öffentliche Messe

auf dem Petersplatz zelebriert. Man gewährte mir also die Audienz, aber... ich konnte nicht hingehen. Ich kam nicht einmal bis zur Tür.«
An diesem Abend sprach Castaneda mehrere Male von seiner Familie und von seiner typisch liberalen und ausgesprochen antiklerikalen Erziehung. In *Der zweite Ring der Kraft* spielt Castaneda ebenfalls auf sein antiklerikales Erbe an. Don Juan, der nicht alle seine Vorurteile und Kämpfe gegen die katholische Kirche zu billigen scheint, sagt zu ihm: »Wir brauchen all die Zeit und alle Energie, die wir haben, um die Dummheit in uns zu besiegen. Das ist das einzige, was zählt. Alles andere ist unwichtig. Nichts von alledem, was dein Großvater oder dein Vater über die Kirche sagte, trug zu ihrem Wohl bei. Wenn du dagegen ein makelloser Krieger bist, dann gibt dir das Leben, Jugend und Kraft. Es ist also gut, wenn du dich weise entscheidest.« (S. 227.)
Castaneda erörterte keine Theorien über diese Themen. Bezüglich der Alternative »Klerikalismus-Antiklerikalismus« wollte er uns nur durch das Beispiel seiner Erfahrung eine Lehre vermitteln. Das heißt, er gab uns zu verstehen, daß es sehr schwer ist, die Schemata zu zerbrechen, die sich in der Jugend gebildet haben.
»Müssen Sie dann also nach Italien zurückkehren?« fragte ich, weil ich an die Aufgabe dachte, die ihm Don Juan gestellt hatte.
»Nein! Das ist nicht mehr nötig«, antwortete er. »Seit all dem ist viel Zeit vergangen.«

In bezug auf Europa hatte Castaneda sehr entschiedene Ansichten. »Dort gibt es nichts«, behauptete er. »Europa ist erledigt; alles ist tot. Man merkt es sogar an der Landschaft. Die Alpen sind mit Colorado nicht zu vergleichen! Europa fehlt die Kraft, die Amerika im Überfluß besitzt.«
Besonders hart urteilte er über Italien. »Die Landschaft ist eine Miniatur. Alles ist dort so hübsch geordnet und zivilisiert. Ein Hügelchen hier, ein Häuschen dort. Keine Kraft! In Italien ist man Kommunist oder Katholik. Etwas anderes gibt es nicht.«
Seine Worte ließen uns begreifen, daß es in Europa nur alte Ideologien, Dichotomien aus anderen Epochen gibt. Castaneda dagegen bewegt sich auf einer ganz anderen Ebene als der der Politik oder der Religionen. In seinem Universum haben die traditionellen Anschauungen und Urteile keinen Platz.


Der Abschied

Kurz bevor wir den Campus betraten, wandte sich Castaneda mir zu, nahm mich am Unterarm und an den Händen und sagte: »Señora, Sie wissen nicht, wie dankbar ich Ihnen dafür bin, daß Sie mich mit Ihren Freunden bekannt gemacht haben.« Er sprach mit großem Nachdruck, und seine Worte rührten mich. Ich muß dazu sagen: er dankte mir

dafür, daß ich mich als Vermittlerin, als Brücke zwischen meinen Freunden und ihm, bewährt hatte.
Als wir auf dem Parkplatz angekommen waren, verabschiedeten wir uns freundlich und trennten uns. Castaneda ging bis zur Ecke und verschwand unter den hohen Büschen der Straße. Es war etwa elf Uhr abends. Wir stiegen in den Wagen und traten die Rückfahrt an. Die zwei Stunden vergingen rasch. Wir waren sehr beeindruckt, und die Zeit war zu kurz, als daß wir einander alles hätten sagen können, was die Begegnung in uns wachgerufen hatte.
Castaneda hatte an diesem Nachmittag und Abend große Sorgfalt darauf verwandt, zwischen dem, was er selbst an sich erfahren hatte und zu erleben imstande war, und dem, was die anderen sagen und tun, zu unterscheiden. Er sagte uns, daß er siebzehn Jahre mit der Aufgabe zu lernen verbracht hatte. Während dieser ganzen Zeit gab es Dinge, die er selbst erleben und überprüfen konnte, andere, die er noch lernt, und wieder andere, die er noch nicht in sein Leben inkorporiert hat. So konnte er, zum Beispiel, die toltekische Art zu essen und zu schlafen an sich selbst erfahren. Auch die Kunst des Träumens hat er inkorporiert, obwohl er noch la Gordas Hilfe braucht. Bezüglich der anderen Phänomene wollte er offensichtlich nicht viel sagen, und mehr als einmal mußte er gestehen, daß es Dinge gibt, die er nicht versteht. Mehr noch, es gibt viele Dinge, von denen er nicht

glaubt, daß es ihm jemals gelingen wird, sie zu verstehen. Dennoch vertraut Castaneda auf Don Juan und seine Lehre. Er vertraut auf das, was er nicht versteht und nicht erklären konnte. Immer wieder hat ihm Don Juan bewiesen, daß die Tolteken recht hatten, und deshalb vertraut er darauf, daß sie auch bis zum Ende recht haben müssen.

Die Erinnerung an diesen Nachmittag und Abend ist mir geblieben wie ein klar gezeichnetes Bild, in dem die faszinierende Gestalt Castanedas den ganzen Raum einnimmt. Alle Phantasmagorien und Wunder seiner Bücher – wie Octavio Paz sagt –, die ich so oft angezweifelt und mit einem gewissen Widerwillen als eine unnötige Zurschaustellung des Phänomens betrachtet hatte, wurden vollkommen glaubhaft und möglich nach der Begegnung mit Castaneda.

Jenseits der Künstlichkeit der Tatsachen, die er erzählt, entdeckt man die grundlegende Wahrheit seiner Behauptungen. Letzten Endes – was gibt es Schwierigeres als den ganzen Tag Hamburger zu braten wie Joe Cordoba, mit den Augen voll Rauch?

# Carlos Castaneda

## Eine andere Wirklichkeit

»Castanedas Bücher sind so ungewöhnlich überzeugend und kraftvoll, weil sie uns aus der uns vertrauten Welt herausnehmen und uns in eine völlig andere Welt tragen.«
*New York Times*

**Das Feuer von innen**
*Fischer Taschenbuch Band 5082*

**Der zweite Ring der Kraft**
*303 Seiten. Brosch. und*
*Fischer Taschenbuch Band 3035*

**Die Kraft der Stille**
Neue Lehren des Don Juan
*240 Seiten. Broschur*

**Die Kunst des Pirschens**
*Fischer Taschenbuch Band 3390*

**Die Lehren des Don Juan**
Ein Yaqui-Weg des Wissens
*Fischer Taschenbuch Band 1457*

**Eine andere Wirklichkeit**
Neue Gespräche mit Don Juan
*Fischer Taschenbuch Band 1616*

**Reise nach Ixtlan**
Die Lehre des Don Juan
*Fischer Taschenbuch Band 1809*

**Der Ring der Kraft**
Don Juan in den Städten
*Fischer Taschenbuch Band 3370*

**S. Fischer · Fischer Taschenbuch Verlag**

# Religionen

Sukie Colegrave
**Yin und Yang**
Die Kräfte des Weiblichen
und des Männlichen
Eine inspirierende
Synthese von westlicher
und östlicher Weisheit
Band 3335

Daisetz T. Suzuki
**Die Kraft des
inneren Glaubens**
Zen-Buddhismus
und Christentum
Band 6586

Siegfried Rudolf Dunde
**Neue Spiritualität**
Selbsterfahrung des
religiösen Wandels
Band 6560

Lama Anagarika Govinda
**Buddhistische Reflexionen**
Über die Bedeutung des
Buddhismus für den Westen
Band 10098

Holger Kalweit
**Die Welt der Schamanen**
Traumzeit und
innerer Raum
Band 6575

Sheldon B. Kopp
**Triffst du Buddha
unterwegs ...**
Psychotherapie
und Selbsterfahrung
Band 3374

John C. Lilly
**Das Zentrum des Zyklons**
Eine Reise in die
inneren Räume
Neue Wege der
Bewußtseinserweiterung
Band 1768

Lin Yutang (Hg.)
**Die Weisheit des Laotse**
Band 6504

Claudio Naranjo
**Die Reise zum Ich**
Psychotherapie mit
heilenden Drogen
Behandlungsprotokoll
Band 3381

Nossrat Peseschkian
**Der Kaufmann und
der Papagei**
Orientalische
Geschichten als Medien
in der Psychotherapie
Band 3300

**Fischer Taschenbuch Verlag**

# Nossrat Peseschkian

Dr. med. Nossrat Peseschkian, Facharzt für Psychiatrie und Neurologie, wurde 1933 im Iran geboren. Schule und Abitur in Teheran. Seit 1954 in Deutschland. Medizinstudium in Freiburg, Mainz und Frankfurt am Main. Psychotherapeutische Ausbildung in der Bundesrepublik, der Schweiz und in den Vereinigten Staaten. Dr. Peseschkian führt seit 1969 eine psychotherapeutische Praxis in Wiesbaden. Er ist Vorsitzender der deutschen Gesellschaft für Positive Psychotherapie und Dozent an der Akademie für ärztliche Fort- und Weiterbildung der Landesärztekammer Hessen.

**Psychotherapie des Alltagslebens**
Training zu Partnerschaftserziehung und Selbsthilfe
Band 1855

**Der Kaufmann und der Papagei**
Orientalische Geschichten als Medien in der
Psychotherapie. Band 3300

**Positive Familientherapie**
Eine Behandlungsmethode der Zukunft
Band 6761

**Positive Psychotherapie**
Band 6783

**Auf der Suche nach Sinn**
Psychotherapie der kleinen Schritte
Band 6770

**33 und eine Form der Partnerschaft**
Band 6792

# Fischer Taschenbuch Verlag

»Christoph Ransmayrs gewagtes Spiel mit Ovid (...)
ist eine traumverlorene Gratwanderung zwischen den Zeiten
und den Texten, einer der schönsten Romane
der Gegenwart.«
DIE ZEIT

# Christoph Ransmayr
# Die letzte Welt

Roman

Christoph Ransmayrs Roman ›Die letzte Welt‹ war das Ereignis des Bücherherbstes 1988.
In seinem von der Kritik hymnisch gefeierten und wegen seiner wunderbar poetischen, rhythmischen Sprache, seiner stilistischen Eleganz, seiner bildmächtigen Traum- und Alptraumwelten hochgelobten Roman ist die Verbannung des römischen Dichters Ovid durch Kaiser Augustus im Jahre 8 n.Chr. der historisch fixierte Ausgangspunkt einer sehr phantasievollen Fiktion. Ein (durch Ovids ›Briefe aus der Verbannung‹) ebenfalls historisch belegter Freund Ovids, der Römer Cotta, macht sich in Ransmayrs Roman auf, in Tomi am Schwarzen Meer sowohl nach dem Verbannten selbst zu suchen – in Rom geht das Gerücht von seinem Tod –, als auch nach einer Abschrift der ›Metamorphosen‹, des legendären Hauptwerks von Ovid.
Cotta trifft in der »eisernen grauen Stadt« Tomi jedoch nur auf Spuren Ovids, sein verfallenes Haus im Gebirge, seinen greisen Diener Pythagoras und, je komplizierter und aussichtsloser sich die Suche gestaltet, auf immer rätselhaftere Zeichen der ›Metamorphosen‹, in Bildern, Figuren, wunderbaren Begebenheiten. Bis sich zuletzt Cotta selbst in der geheimnisvoll unwirklichen Welt der Verwandlung zu verlieren scheint: die Auflösung dieser »letzten Welt« ist wieder zu Literatur geworden.

Band 9538

# Fischer Taschenbuch Verlag

»Mit ihrem Roman ›Unter dem Tagmond‹ hat die inzwischen 40jährige Keri Hulme Neuseeland innerhalb kürzester Zeit endgültig und unwiderruflich auf der literarischen Weltkarte etabliert.«

*Frankfurter Allgemeine Zeitung*

# Keri Hulme
# Unter dem Tagmond

Roman

›Unter dem Tagmond‹ gehört zu den wenigen Werken der neuseeländischen Literatur, die sogleich weltweite Geltung erlangten: 1985 wurde es mit dem Booker-Preis, Englands renommiertestem Romanpreis, ausgezeichnet.
Vor dem Hintergrund der urwüchsigen Küstenlandschaft Neuseelands spielt sich zwischen drei Menschen, die auf schicksalhafte und schmerzliche Weise zusammenfinden, ein verzweiflungsvolles Drama widerstreitender Gefühle ab.
Keri Hulme hat ein ungewöhnliches, äußerst eindrucksvolles und aufrührendes Buch geschrieben über die Verloren

Band 10173

heit des einzelnen, der aus seinen traditionellen Bindungen herausgefallen ist.

# Fischer Taschenbuch Verlag

»Endlich ein Roman, der es wert ist, ein Meisterwerk genannt zu werden.«
The Daily Mail

# Bruce Chatwin
# Auf dem schwarzem Berg

Roman

Bruce Chatwin, vom *Daily Telegraph* »der bedeutendste Stilist der englischen Sprache im 20. Jahrhundert« genannt, erzählt in seinem ersten Roman von dem merkwürdigen, geradezu archaischen Leben der beiden Zwillingsbrüder Lewis und Benjamin Jones auf dem elterlichen Bauernhof, »The Vision« genannt und auf dem schwarzen Berg in Wales gelegen. Es ist ein Leben, das bestimmt ist von der Bindung an die Familie, den Boden, die Landschaft, eine Handvoll Menschen, die Arbeit, jahrzehntelang die immer gleiche, je nach den Rhythmen der Jahreszeiten und den Bedingungen des Wetters. Ihre Art zu sein hat den Brüdern Gewißheiten gegeben, in denen sie durch niemand und nichts irritierbar sind: in einer Art Unschuld kehren sie dem modernen Zeitalter den Rücken, Chatwins Roman – er wurde mit dem Whitbread-Preis ausgezeichnet und von der literarischen Kritik als Meisterwerk gefeiert – ist ein eigenartig schönes, auf den ersten Blick fast

Band 10294

ein wenig altmodisch anmutendes Buch über eine Landschaft, ihre Stimmungen und Charaktere, ihre poetische und ihre handfeste Wirklichkeit, über ihre Menschen; es handelt von der Vergänglichkeit, der Frage des Wesentlichen und der Gelassenheit.

# Fischer Taschenbuch Verlag

fi 1171/1

Dino Buzzati (1906–1972), einer der großen italienischen
Schriftsteller des 20. Jahrhunderts, wurde nicht
immer zu Recht von der Literaturkritik als der ›italienische
Kafka‹ bezeichnet. Seine Romane und seine
meisterhaften Erzählungen changieren zwischen dem
Märchenhaften, dem Phantastisch-Surrealen und
der Alltagswirklichkeit.

# Dino Buzzati
# Das Geheimnis des Alten Waldes

Roman. Fischer Taschenbuch Band 9268

Die Geschichte dieses kleinen Romans spielt in einem abgelegenen Tal in Norditalien, und sie spielt zugleich auf der Grenze zwischen Realität und Phantasie, Wirklichkeit und Märchenwelt. Der unnachgiebige Oberst Procolo hat, gemeinsam mit seinem kleinen Neffen, ein Waldstück geerbt, den sogenannten Alten Wald. Der Alte Wald ist ein seit Jahrhunderten unberührtes Stück Natur, in dem die Baumgeister wohnen und in dem man – nicht jeder, meist nur die Kinder, aber auch der Oberst – die Vögel, Waldtiere und Winde sprechen hören kann.
›Der Alte Wald‹ ist ein märchenhafter, geheimnisvoller Roman, mit dessen, wie man heute sagen würde, ökologischer Grundhaltung Buzzati seiner Zeit weit vorraus war (der Roman erschien

erstmals 1935). Erst heute, so scheint es, können wir dieses poetische Plädoyer für die Bewahrung und den Respekt vor der Natur richtig verstehen.

# Fischer Taschenbuch Verlag

# Kenneth White
# **Der blaue Weg**
### Eine Reise

Was Kenneth White im Untertitel »Eine Reise« nennt, ist kein Roman, kein Reisebericht im üblichen Sinne, kein Essay, sondern eine höchst ungewöhnliche, poetisch-meditative Collage aus erzählenden Passagen, Elementen des Reiseberichts, Erinnerungen, Reflexionen, lyrischen Einsprengseln, Träumen, Stimmungs- und Landschaftsbildern und Gedanken aus der gesamten abendländischen Philosophie-und Geistesgeschichte. Es ist eine Collage zum Thema der Suche, einer Suche nach der unzerstörten Natur, nach der Weite der Landschaft, nach Ursprünglichkeit, nach Entgrenzung; nach Einsamkeit, Erneuerung, Erkenntnis, nach dem eigenen Selbst. »Das Unbehagen in der Kultur« ist bei ihm übermächtig geworden, er »hat die Nase voll« von Staaten und Nationen, Institutionen und dem Lärm unserer Zivilisation, deshalb macht er sich auf nach einer anderen existentiellen Erfahrung. Auf einer Route des geplanten Zufalls.

Band 5343

## Fischer Taschenbuch Verlag